保育者のための 法学・憲法入門

〔第 2 版〕

高乗正臣

〔著〕

成 文 堂

すが、法学部の学生向けの本格的な体系書は別として、保育者としての資質向上に視点をおいた入門書はきわめて少ない状況のように見えます。法学的素養を身につけていないまま、いきなり憲法の学習に入る場合、受講生の多くが無味乾燥な印象を抱くことも大いに考えられるところです。

　そこで、本書では、第1章から第4章で、憲法を学ぶ上で必要とされる法学的知識をできる限りやさしく解説し、憲法学習への導入編としました。そこでは、法学を学ぶ意味、法が存在する意味を「法律は弱者のためにある」という点におきました。そして、憲法についても、それを形式的、表面的に理解するのではなく、保育者としての素養として、できる限り身近な具体的事例から憲法の本質に迫るよう配慮しました。また、幼稚園教諭と保育士のあり方を定める教育基本法、学校教育法、児童福祉法などの法律は、すべて日本国憲法の理念にその根拠をもつことを理解してもらうことを重視しました。

　なお、初学者のために、難解、難読と思われる語にルビをふり、巻末に第4章に関連する「保育判例」（5件）を掲載しました。

　本書は日本国憲法を網羅的に解説するものではありませんが、本書のコンセプトは、政府・公共団体の権力行使はすべて憲法によって授権された範囲内のものでなければならないこと、そして、憲法は国会の定める法律に示される多数意見に反映されない少数者の自由と権利を守るためのものであること、の2点におきました。つまり、「憲法は少数者、弱者のためにある」という視点です。

　これまで述べたように、教育と保育の根本理念が日本国憲法の精神にある以上、憲法の基本的な考え方を学び、それを保育現場に生かしてこそ、本当に実のある保育が実現できるといえます。保育者を目指す学生の皆さんと現に保育の現場に立って勤務している皆さんが、本書を通して、自分の職務を意識しながら、興味をもって「日本国憲法」の精神を学んでほしいと思います。

　本書の企画については、埼玉純真短期大学の藤田利久学長から、その必要性や内容に関する強いお勧めとご示唆をいただきました。また、本書の刊行、編集については、成文堂の飯村晃弘氏に多くの貴重なご助言をいただきました。ここに改めて、心より感謝の意を表したいと思います。

　　令和元年11月

　　　　　　　　　　　　　　　　　　　　　　　高　乗　正　臣

目　　次

第1章

法 と は 何 か

1．日常生活と法

　私達の日常生活は、多数の法令に取り囲まれています。それは、ちょうど私達と電波との関係に似ています。電波が、スマホやテレビ、ラジオのスイッチを入れるまでは、日頃意識されないのと同様に、法も私達の周囲に何かの紛争・トラブルが起こらないかぎり、まず意識されることはありません。

　私達の日常生活が、いかに多くの法令に取り囲まれているかを考えてみましょう。

　まず、家にいる場合、それが自分の持ち家ならば、固定資産税などを含む「税法」や「民法」の所有権の対象になりますし、それが他人から借りている家ならば、「借地借家法」に基づく賃貸借関係の中にあることになります。また、自分に同居の家族がいてそれが健在ならば、「民法」上の扶養関係が生じ、家族が死亡した場合には「民法」の相続の問題が出てきます。

　ところで、家から外出する場合、玄関を出て表通りを歩けば、右側通行を定めている「道路交通法」の規制を受けます。また、バスや電車に乗ると運送契約の当事者となり、万一、事故に遭うと損害賠償や保険の問題がもち上がります。コンビニやスーパー・マーケットでの買い物は売買契約そのものです。

　さらに、学校を卒業して企業に就職すると、労働条件の基準や労働組合の設立などを定める「労働基準法」や「労働組合法」の適用を受けることになります。就職先が公官庁や地方自治体であれば、「国家公務員法」や「地方公務員法」の適用を受けます。そのほか、結婚や離婚、出産や死亡に関しては、「戸籍法」がそれぞれの届出を義務づけています。

　以上のように、私達は、日常、多くの法令の中で生活しているのですが、日頃はそれらの存在に気がつきません。そして、自分が法的なトラブルに巻き込まれたとき、はじめて自分はどこまで権利を主張できるのか、どこまで義務を負わなければならないのか

を考えることになるのです。

　ローマのことわざに「**社会あるところ法あり**」というものがありますが、これはどのような社会にも必ず法が存在し、法がなくては社会は成り立たないということを意味しています。もし、なんの法も存在せず、各人がその欲するところを自由勝手におこなうことができるとするならば、ホッブス*（T. Hobbes 1588-1679）のいう「**万人の万人に対する闘争**」となるほかはなく、人々が安心して社会生活を営むことはできません。そこでは、力の強い者が自分の利益を獲得するために好き勝手に行動し、弱い立場の者は生活の安全を脅かされることになります。

> 　*　ホッブズは、人間の自然権は自由で平等なものと考えたが、同時に人間は生まれつき善良ではなく自己中心的で利己的な動物であるから、国家以前の自然状態においては「万人の万人による闘争」となり、その状態を克服するために個々人の権利を国家権力、すなわち国王に委譲するという社会的な契約を結んでいると主張しました。

　法は、すべての人の生命、自由、財産を守るために、社会の秩序を維持して安全で安心できる社会生活を実現するためにあるのです。つまり、**法は私達国民の幸せのために**あり、また、**次世代を担う子ども達の幸福のために**あるものです。将来の社会を担う子どもを育む保育者としては、法に関する基礎知識と法的な問題に関する常識を備えておくことは必要なことだと思います。

　2．法とは何か

　法とは何かの問題は、法学の出発点であると同時に終着点でもあり、とても難しい問題ですが、ここでは次のように考えることにします。

　「法とは、社会生活の秩序を維持するため、その実現が国家の権力によって、組織的に保障される強制的な社会規範である」。

（1）法は「**社会規範**」である。

　規範とは、一定の目的を達成するために人々によって守られるべき行為や態度に関する規律をいいます。規範というのは、「…してはならない」（**禁止**）、または「…しなければならない」（**命令**）という法則を意味します。これは、自然界の法則（たとえば、「すべての人は死ぬものである」）とは異なり、人間の自由意思や願望などを前提として、必ず人間の意思や行為によってこれに違反する可能性が予想されるものです。「幼児を

虐待してはならない」とか「税金は納めなければならない」という規範は、必ずこれを守らない人がいるということを前提にしていると同時に、普通の人間ならば守ることができる範囲でその行為を規律するものといえます。

　さらに、法は社会の共同生活の中で、自分と他者との調整を図る目的をもつ社会規範であり、自分に対して「大学の授業は休まない」とか「一日に2時間はピアノの練習をする」ことを義務づけるというような個人規範とは異なります。

（2）法は「強制的」規範である。

　いうまでもなく、社会規範は法規範のみではなく、道徳、宗教、慣習、礼儀、流行なども、社会生活における行為のルールとして機能しています。そこで、法が他の規範と区別される特色は、法が政治的に組織された社会、ことに国家（政府）によって強制される点にあります。つまり、法の違反者に対しては、国家（政府）が権力を行使して一定の制裁または不利益を科すのです。

　この強制には、法規範の種類によって強弱の差があり、違反者に科せられる制裁にも種々の段階や種類があります。まず、公法*の領域における最も明瞭な法的強制は刑罰です。今日、わが国の刑法が定めている刑罰の種類は、死刑、懲役、禁錮**、罰金、拘留、科料および没収です（刑法9条）。また、私法***の領域においては、強制執行と損害賠償があり、わが国特有の制裁として名誉毀損に対する謝罪広告があります。

> ＊　国や地方公共団体（都道府県・市町村）内部の関係、それらと私人との関係を規律する法を公法といいます。たとえば、憲法、国会法、内閣法、刑法、民事訴訟法などがこれに含まれます。
> ＊＊　禁錮とは、懲役と同様に自由刑の一つとして刑事施設（刑務所）に拘置するものですが、懲役が「所定の作業」（刑務作業）を強制されるのに対して、禁錮にはそれ

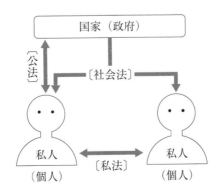

がない点が異なります。禁錮は主に政治犯や過失犯に科せられます。

*** 　私人と私人との関係を規律する法を私法といいます。民法、会社法、商法などがこれに含まれます。なお、保育者の労働条件を定める労働法や児童の福祉を定める社会保障法などは「社会法」と呼ばれます。

3．法と道徳との関係

法とは何かを考える際、法と道徳との違い、法と道徳との関係を明らかにすることは重要です。

（1）法と道徳との区別

①法は経験に基づく規範であるが、道徳は経験に先立つ規範であるとする説

この説は、法は君主や議会によって制定され、経験的な権威に基づくものですが、道徳は人間のもつ生まれながらの理性に基づいて生まれるものだとする考え方です。この見解は、経験的なものから生まれた道徳は本来の意味の道徳ではない、という考え方に立つものです。

しかし、実際には、道徳もまた時代によって変化するものであり、経験的な規範であることが少なくないといえます。たとえば、キリスト教の影響を受けたヨーロッパ諸国では、従来、自殺を道徳に反する行為と考えただけでなく、刑法上の犯罪として自殺未遂者を厳しく処罰していました。自殺した者は、教会での葬儀や教会墓地への埋葬を禁止され、遺体は十字路に埋められ、その財産は没収されることなどが定められていました（自殺未遂者は処罰され投獄されました）。このような自殺禁止法は、キリスト教的社会の崩壊とともに徐々におこなわれなくなり、1961年のイギリスにおける法律改正を最後に姿を消すこととなりました。このように自殺未遂者に対して刑罰をもって臨んだ諸国の国民からすれば、わが国の封建時代に見られた武士の切腹や介錯（かいしゃく）の風習などは理解できないと思われます。

②法は現実に基づく規範であるが、道徳は理想を目指す規範であるとする説

この説によれば、法は現実におこなわれているもの、またはおこなうことができるものを内容とするとします。言い換えれば、法は通常の判断能力をもって普通に行動する人間（平均人）を対象とするが、道徳はその内容として平均人にはとうてい期待できないような高い理想を掲げる場合が多いと考えます。たとえば、「人もし汝（なんじ）の右の頬（ほお）を打

たば、左をも向けよ」（『マタイ伝』第5章39節のイエスの言葉）などという宗教的な道徳は、とても一般の平均人には守ることを要求できません。いわば、道徳はその中に人間の理想像を描くものだというのです。

　しかし、法の中には、新しい社会を創設するために、高い理想を掲げてその指導性を発揮するものもあるし（たとえば、教育基本法）、反面、道徳の内容がきわめて現実的なものもあります。現在では、処罰の対象から除かれている「姦通*」は、旧刑法時代には妻のみが処罰されましたが（183条）、これは、姦通してはならないということが、ある時期には法の内容とされ、ある時期には単に道徳の内容とされるということを示しています。ドイツの法学者イエリネック（G. Jellinek 1851-1911）は、法は道徳の一部分であり、「最小限の道徳」であると説きましたが、後に述べるように、法の中には道徳と無関係のものが数多く存在し、見方によっては不道徳のものさえあることから（風営法、競馬法など）、この見解には全面的に賛成することはできません。

　　*配偶者のある者が、配偶者以外の者と性的関係をもつこと。

③法は人の外面的な行為や態度を規律するが、道徳は人の内面的な意思や心情を規律するという説

　この説は、法は合法性、つまり人の行為が規範の定めているところに違反しないことだけを問題とするのに対して、道徳は人がその心の中で正しい動機をもっているかどうかを問題とするという点を指摘します。ドイツの哲学者カント（I. Kant 1724-1804）や法哲学者ラードブルフ（G. Radbruch 1878-1949）は、この立場を主張します。

　しかし、この見解は、人の行為・態度と人の意思・心情とを二分してとらえる点で疑問があります。人の外面的な行為や態度は、その内面的な意思や心情と切り離すことができないほど密接な関連をもっています。実際に、法も道徳も、ともにこの二つの側面を規律の対象としています。たとえば、刑法では、原則として故意（犯意）のない行為は処罰されず（38条**）、外部からの障害で犯罪が未遂に終わったときよりも、自発的な意思で犯行を中止した場合を軽い罪とし（43条***）、犯罪の情状によって酌量減軽****がおこなわれます（66条）。これは、刑法が人の内面的な意思を重視していることを意味します。

　　**　刑法38条1項「罪を犯す意思のない行為は、罰しない。ただし、法律に特別の規定がある場合は、この限りでない」
　　***　刑法43条「犯罪の実行に着手してこれを遂げなかった者は、その刑を減軽するこ

とができる。ただし、自己の意思により犯罪を中止したときは、その刑を減軽し、又は免除する」

＊＊＊＊　酌量減軽とは、刑事裁判において犯罪の情状に同情すべきものがあるとき、これをくみ取って裁判官の裁量によって刑を軽くすることをいいます。

　同様に、道徳についても、たとえどのような良い意思・心情をその内面に抱いていたとしても、外面に現れない限り評価されない場合が多いといえます（たとえば、混雑している電車内で老人に席を譲る行為など）。

　この見解が指摘する「法の外面性、道徳の内面性」という点を、その関心の方向性の問題として限定的にとらえるのであれば、正しい見方を含んでいると思われます。

④法は強制による他律性、道徳は良心による自律性という特色があるとする説

　法は、その規定に従わない者に対して強制を加えます。たとえば、借金を返済しない者があるときは、裁判所の執行官によってその者の資産を差し押さえられるし、他人の財布を盗んだり、他人を殺害した者はこれを監獄に入れて懲役に服させることができます。これに対して、道徳はこれに従わない者に対して、強制を加えることはしません。

　しかし、道徳には強制の要素がまったくないかというと、これは疑問です。道徳に反した行為者には良心の呵責（かしゃく）だけでなく、社会的な非難が浴びせかけられます。道徳の根底にある良心は、純粋な個人的な意識であると考えて、それがもつ社会性を否定することは誤りです。ここにいう良心も、社会の変化によって変遷（へんせん）し、さらに他律性を伴うことを認めざるをえないといえます。

⑤法はその実現が国家の物理的強制力によって保障されるが、道徳は内心による心理的強制によって保障されるとする説

　この説は、法は強制力を伴うということを限定して、「国家による物理的強制」と言い換えます。たしかに、法は、その違反者に対して、裁判、行政処分、警察行政による違法の排除など、国家（政府）の権力による物理的強制力を背景に、その実現を図ります。法を道徳から区別する決定的な標識（ひょうしき）は、拘置所・刑務所などへの強制収容や罰金などの制裁が、国家の権力によって裏打ちされている点にあります。

　これまで、見てきた法と道徳との区別についての各学説は、それぞれ一面の真理をとらえていますが、⑤の見解が最も妥当なものと考えられます。

（1）法と道徳との関係

つぎに、法と道徳との関係・関連を4つの場合に分けて考えてみましょう。

①法と道徳が一致する場合

まず、刑法上の自然犯*の規定（殺人罪、傷害罪、窃盗罪など）は、道徳の内容と一致します。また、民法1条2項は「権利の行使及び義務の履行は、信義に従い誠実に行わなければならない」と規定しています。一般に、これを**信義誠実**の原則といいますが、その意味内容は道徳そのものであるといえます。

> ＊　自然犯とは、法律の規定をまつまでもなく、それ自体がすでに反社会的・反道徳的とされる犯罪。いつの時代、どの社会でも当然の悪とされる犯罪をいいます。たとえば、殺人、窃盗、放火などの犯罪がこれです。道徳的にも許されない犯罪のことを「破廉恥犯」ともいいます。これに対して、「法定犯」（行政犯）とは、行政上の取締りの必要から定められた法規に違反する行為で、行為自体は、反社会性・反道徳性をもち違法とされるものではなく、法規の制定をまって初めて違法となる犯罪をいいます。道路交通法違反の多くはこれに含まれます。

さらに、民法90条は、「公の秩序又は善良の風俗に反する法律行為は、無効とする」と定めます。ここにいう「公の秩序」とは国家社会の一般的利益・秩序を意味し、「善良の風俗」とは社会の一般的な道徳観念を指すといわれますが、一括して社会的妥当性を指す観念と解釈されています。この両者を略して、「**公序良俗**」といいますが、具体的な行為（契約）がこの公序良俗に違反するかどうかは、結局、社会通念（社会一般に通用している常識、見解）によって判断されることになります。

学説や判例の上で、公序良俗違反とされた行為には次のものがあります。

①法秩序や民主政治の基本に反する行為（犯罪を犯すことや犯罪を援助することを内容とする契約、殺人契約や競争入札における談合行為など）、②家族秩序に反する行為（配偶者のある男性との関係を継続する愛人契約など）、③個人の尊厳や人権尊重の原則に反する行為（人身売買契約や営業の自由を極度に制約する協定など）、④道徳の基本秩序に反する行為（賭博契約や売春契約、著しく射幸**的なものを内容とする契約など）。

> ＊＊　射幸とは、偶然に得られる成功や利益を当てにすることをいいます。射倖契約とは、賭博、ギャンブルなどで偶然の利益を得ることを目的とする契約を意味します。

これらの内容は、道徳の要請と一致します。このように、法と道徳が相互に支持し合

うことは、これらが社会において守られるための重要な条件になります。

②法の内容と道徳が相互に移行する場合

　最初は道徳的に無色であったものが、法律によって強制されている間に道徳規範に転化することがあります。たとえば、道路交通法が定める歩行者の右側通行（10条1項）は、本来、道徳的には無色の規範ですが、これが法の内容とされると、これを遵守することが道徳（交通道徳）となります。経済の混乱期に見られる各種の物資の統制法（たとえば、食糧管理法）と闇取引や、公職選挙法における戸別訪問の禁止規定（138条）なども、この一例です。

　また、逆に、従来は単に道徳に過ぎなかったものが、法の内容に取り込まれることによって、法的な拘束力をもつ場合もあります。売春防止法や軽犯罪法の規定*などは、この例です。

> ＊　軽犯罪法1条14号「公務員の制止をきかずに、人声、楽器、ラジオなどの音を異常に大きく出して静穏を害し近隣に迷惑をかけた者」、23号「正当な理由がなくて人の住居、浴場、更衣場、便所その他人が通常衣服をつけないでいるような場所をひそかにのぞき見た者」、26号「街路又は公園その他公衆の集合する場所で、たんつばを吐き、又は大小便をし、若しくはこれをさせた者」。

③法と道徳が無関係の場合

　憲法42条は、国会は衆議院と参議院の両議院で構成することを定めていますが、国会において二院制を採用するかどうかは道徳とは無縁の事柄です。同様に、自動車の左側通行や速度制限の規定、公職選挙法の諸規定などは、いずれも道徳的には無色です。

　このことは、道徳が主として人間の内面の精神生活のあるべき姿に関心をもつのに対して、法は社会生活の円滑なあり方を規律するものであり、両者の担当する領域が異なることからもたらされる当然の結果といえます。本来は道徳の領域にとどめるべき事柄を法の内容としてこれに強制を加えると、多くの国民がその法を守ることが困難となり社会が混乱する原因となります。後に述べる1919年のアメリカの「禁酒法」（憲法修正18条）などは、この好例です。

④法と道徳が矛盾、対立する場合

　民法の中には、道徳的にはとても許されないような規定があります。消滅時効の制度
（166条）や書面によらない贈与の取消し（550条）などがこれです。前者は、借金の返済
が要求されないで一定の期間が過ぎれば返済を免れるとするものであり、後者は贈与の
約束は書面によらない限り、当事者が自由に解除することができるというものですが、
いずれも道徳的ではありません。これは、法が社会秩序の安定性を追求するという基本
的性格をもつことからくる帰結です。

　また、不治の病に冒され死期の切迫した患者が、激烈な肉体的苦痛にあえいで自分の
生命の短縮を真剣に頼む場合に、死期を早める措置を講ずることが、むしろ道徳にかな
うといった考え方があります。しかし、法は社会秩序の維持という観点から、これを
嘱託殺人罪*として扱うことになります。これが、いわゆる「安楽死」の問題ですが、
最近話題になっている「尊厳死」や「治療拒否」に関する問題もこれに類似のテーマで
す。さらに、刑法にいう「不能犯**」や「確信犯***」の問題も、法と道徳が矛盾、対
立する領域の問題です。

---

*　刑法202条「人を教唆し若しくは幇助して自殺させ、又は人をその嘱託を受け若
　しくはその承諾を得て殺した者は、6月以上7年以下の懲役又は禁錮に処する」
**　不能犯とは、行為者が犯罪結果（殺人）を発生させる意思で行為をしているが、
　その行為の性質上、結果を発生させることがおよそ不可能であり、未遂犯としても処
　罰できない場合をいいます。たとえば、「丑の刻参り」で人を祈り殺そうとする行為
　や硫黄の粉で人を殺せると信じて相手に硫黄を飲ませる行為などがこれにあたります。
***　確信犯とは、宗教的信仰や政治的信念に基づく使命感・義務感によって、本人が
　悪いことでないと確信してなされる犯罪をいいます。政治犯、思想犯と呼ばれるもの
　がこれにあたります。

第2章

法 の 目 的

1. 総　説

　法は、私達の社会生活を規律する規範の一つですから、個々の具体的な法律における立法目的はさまざまです。たとえば、少年法は、「少年の健全な育成を期し、非行のある少年に対して性格の矯正及び環境の調整に関する保護処分を行うとともに、少年の刑事事件について特別の措置を講ずることを目的とする」（1条）とし、生活保護法は、「国が生活に困窮するすべての国民に対し、その困窮の程度に応じ、必要な保護を行い、その最低限度の生活を保障するとともに、その自立を助長することを目的とする」（1条）としています。

　このように、各種の法律はそれぞれに具体的な目的をもっていますが、それらの法律に共通する、より高い一般的・抽象的な目的があります。これが、法の追求する理想、法の理念、言葉を換えれば「法の目的」ということになります。

　一般に、法の目的は、**具体的妥当性の追求と法的安定性の実現**といわれます。

　法は、「良い社会生活を実現すること」を目指します。すなわち、正義にかなった秩序が打ち立てられている社会生活を実現することが、法の目指すところなのです。さらにいえば、（1）「具体的妥当性」（**正義**）の追求と、（2）「法的安定性」（**秩序**）の実現—法的安定性を損なうことなく、しかも、具体的妥当性が実現されている社会生活を維持すること—が、法の目的、理念であるといえます。

2．具体的妥当性

（1）具体的妥当性とは何か

①法という言葉

　法という意味を表すドイツ語は、レヒト（Recht）です。この Recht という語には、普通、3つの大きな意味があります。第1に正義、正しさ、第2に法、法律、法規、第3に権利です。このことは、ラテン語のユス、フランス語のドロア、イタリア語のディリット、スペイン語のデレチョでも同じです。すなわち、ヨーロッパの言語においては、法という言葉の中に正義、正しさという意味が含まれていることが注目されます。

　ところが、英語では事情が少し異なります。法を意味するロウ（Law）という言葉には、正義という意味は含まれていませんが、権利を意味するライト（Right）という語には、周知の通り「正しい」という意味があります。ちなみに、正義を意味する英語ジャスティス（Justice）について考えてみましょう。ジャスティスの形容詞形はジャスト（just）ですが、これを変形させたジュアリ（Jury）は陪審*あるいは陪審員を意味し、ジュリスト（Jurist）は法学者、法律専門家、法学生を意味します。さらに、この語は裁判権を意味するジュリスディクション（Jurisdiction）、法律学を意味するジュリスプルーデンス（Jurisprudence）につながっています。このことは、英語においても、法という言葉と正義という言葉が密接な関連性をもっていることを示しています。

> 　*　陪審とは、イギリス、アメリカで発達した制度で、一般の国民を裁判に参加させる制度をいいます。陪審には、刑事事件で起訴するか否かを決定する「大陪審」と、民事と刑事の裁判で事実問題について決定する「小陪審」とがあります。日本でも昭和3年から18年まで採用されたましたが、成果があがらず停止されました。最近（平成21年）、陪審制度とは異なる「裁判員制度」が採用されました。

②ピタゴラスの正義論

　ピタゴラス（Pythagoras B.C.582-496?）は、三平方の定理や黄金分割（黄金比）の理論で有名な哲学者、数学者ですが、ほかに天文学や音楽の原理も研究した特異な人物として知られています。ピタゴラスの思想の特色は、万物の根源は「数」にあるとしたことです。すなわち、彼は経験的な事物は常に変化するのに、その中にある数の関係は変化しないと考え、万物はこの数の関係に従って秩序ある宇宙を形成していると考えまし

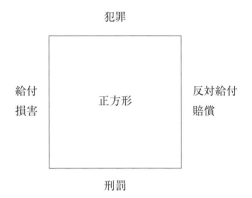

た。その後、彼は、興味深いことに、この万物の根源とされる数にさまざまな意味を与えるようになります。いわば、「数の神秘主義」といわれるものですが、5は結婚を意味し、6は霊魂を、7は理性を、8は愛を、それぞれ意味するとしました。その後のピタゴラスは、数学的法則が宇宙を貫徹するという教義によって大きな宗教教団を作ったといわれています。

　ピタゴラスの正義論は、このような思考の中から導き出されたものです。彼は、4という数字が「正義」を意味すると考えました。彼によると、4は「均分、平等、公平、均衡（きんこう）」を意味し、幾何学の図形では「正方形」になるとしました。彼は、この正方形によって、(a) 等価交換の原理―たとえば、商品とその代価は等しくあるべきとする原則や給付（きゅうふ）*と反対給付の均衡の原則―、(b) 対等報復（ほうふく）の原則―たとえば、犯罪と刑罰、損害と賠償の均衡―が導かれるとしました。このような考え方を**絶対的正義論**といいます。

> 　* 　義務者が義務の履行としておこなう行為を給付といいます。物の売主が目的物を引き渡し、雇われている者が労務を提供することがこれにあたります。これに対して、買主が代金を支払い、雇い主が賃金を支払うことを反対給付といいます。

③アリストテレスの正義論

　ギリシャの哲学者アリストテレス（Aristoteles B.C.384-322）は、その著『ニコマコス倫理学・第5巻』において、正義を一般的正義と特殊的正義とに分けて論じています。

　ここにいう一般的正義とは、人の心や行動を共同生活の一般原則に適合させること、すなわち法を正しく守ることや、個人がその所属する団体（たとえば、国家）に対する義務（たとえば、納税）を果たすことを意味します。アリストテレスが説くもののうち、法の目的としての正義を考える場合には、彼の説く特殊的正義が参考になります。

彼は、この特殊的正義をさらに、平均的正義と配分的正義の2つに分けます。

平均的正義は、人間をすべて同じ価値あるものとして扱い、その間に何らの区別も認めないことを内容とします。すなわち、個人の間の相互交渉において給付と反対給付との均衡をえさせるものです。売買、賃貸、労働と雇用などのような個人の自由意思による取引関係においては、給付に応じて対価を支払うことで利益の得失に均衡が保たれることが要求されます。この平均的正義は、関係者の個人的価値や業績などの事情を一切考慮に入れず、ただ利益と不利益の客観的価値の平等が算術平均的に求められることから、ピタゴラスの正義論に近いものです。

これに対して、**配分的正義**は、各人をその価値、能力、功績に応じて、比例的に配分の公正が保たれるように扱うべきである、という考え方に立ちます。すなわち、人は、それぞれ人格、経験、能力、勤惰において同じではないから、人それぞれにもつ価値に応じて、精神的名誉（不名誉）や物質的利益（不利益）を配分することが要求されます。たとえば、職務能力のある者には給与を多く与えたり、裕福で高額所得のある者には税率を高くすること（累進課税）などがこれです。

このアリストテレスの正義論は、後世の法思想の発展に大きな影響を与えました。彼のいう平均的正義は、並列的な個人（私人）の生活関係を規律する原理となるもので、形式的平等を意図するのに対して、配分的正義は団体生活における団体と個人との間に認められる規律原理であり、実質的平等を意図するものといえます。

正義について、キケロ（Cicero B.C.106-43）やウルピアヌス（Ulpianus 170-228）が、「各人に彼のものを与えること」であると述べ、ラードブルフが「**等しいものを等しく、等しくないものを等しくないように取り扱うのが正義である**」と説いているのも、アリストテレスの正義論と軌を一にするものです。

一般に、法における正義は、上に見た平均的正義と配分的正義との間に正しいバランスをとることによって実現されると考えられます。

（2）具体的妥当性追求の具体例

法が、具体的妥当性を追求している例を以下に見てみましょう。

①刑法における例

刑法199条は、「人を殺した者は、死刑又は無期若しくは5年以上の懲役に処する」と規定しています。実際に、殺人の罪を犯した者は、この条文によって起訴され裁判を受けることになりますが、刑罰の幅は上は死刑から下は懲役5年までの広いものです。こ

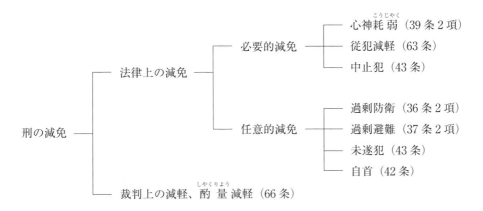

のように、刑罰の幅を広くとるということは、それだけ裁判官が、犯人の性格や犯行の動機、改善の可能性などの個人的特質や事情を考慮して刑を科すことができるという意味で、まさに具体的妥当性（誰しもが正しいと判断する結論）を追求したものと考えられます。

　また、刑の減免規定や執行猶予*の制度なども、犯罪や犯行の性質に応じた合理的な処理の実現を意図したものということができます。

> ＊　執行猶予とは、有罪の判決を受けた者について、情状によって刑の執行を一定期間猶予して問題を起こさずにその期間を経過すれば刑を科さないこととする制度をいいます。現在の刑法では、3年以下の懲役・禁錮または50万円以下の罰金の言い渡しを受けた者などに認められ、猶予期間は1年以上5年以下とされています（刑法25条）。

②労働基準法における例

　労働基準法は、「労働者が人たるに値する生活を営むため」（1条）の最低限度の労働条件を定める法律であり、男女同一賃金の原則（4条）、強制労働の禁止（5条）、労働時間（32条以下）などについて規定しています。

　ところで、労働基準法は、その第6章「年少者」と第6章の2「妊産婦等」において、それぞれの保護規定をおいています。ここでは、満18歳未満の年少者には深夜業（午後10時から午前5時）を禁止し、危険有害業務の就業制限や坑内労働の禁止を定め、さらに解雇された場合の帰郷旅費の支給を定めています（56条以下）。また、妊娠中や産後1年を経過しない女性については、坑内労働や危険有害業務の就業制限を定め、6週間以内に出産予定の女性、産後8週間を経過しない女性には産前産後の休暇を与えるほか、生後1年に達しない生児を育てる女性に育児時間を保障しています（64条の2以下）。

　これらの保護規定は、年少者や妊産婦が成年男子とは異なる精神的、生理的・肉体的な特性をもつことから、これを保護しようとしたものにほかなりません。まさに、「等しいものは等しく、等しくないものを等しくないように取り扱う」例といえます。

③一般的条項

　法律は、その中に、しばしば抽象的で一般的な規定をおいています。たとえば、上に見た民法90条の「公の秩序又は善良の風俗」、民法400条が定める過失の標準としての「善良な管理者の注意」、憲法12条や13条などに定められている「公共の福祉」などがこれです。また、各種の法律で用いられている「**相当な期間**」とか「**正当な理由**」「**相当の注意**」などという文言もこれにあたります。これらの規定を「一般的条項」または「概括的条項」と呼んでいます。

　そもそもルールを作るとき、あらゆるケースを想定して、あらかじめそれらをすべて規則の中に書いておくことなどは不可能です。たとえば、大学の授業に欠席した場合、どのような理由が「正当な理由」として認められるかの判断基準を、あらかじめすべて文字なり言葉なりで示すことは困難です。結局、この判断は、個々の具体的な事例ごとに個々の事実を社会通念に照らして検討し判断する、ということになります。この意味から、この一般的条項はそれぞれの具体的事情に即した妥当な解決を可能にするという機能をもつのです。

　しかし、この反面、一般的条項の具体的内容は、社会情勢、社会意識の変化や判断する者の主観（価値観）によって左右されるものですから、紛争の当事者や一般の人々がそれを予測することは困難となります。したがって、最近顕著となってきている一般的条項の増加は、**予測可能性**を後退させ、ひいては法的安定性を害する傾向をもつといえます。そこで、今後これらの一般的条項を正しく運用していくためには、それを解釈する裁判官に対して、より深い教養と高い識見が要求されてくることになると思われます。

3．法的安定性

（1）法的安定性とは何か

　法的安定性とは、一般に法の秩序が正しく確立され、みだりに動揺しないことを意味します。法的確実性または一般的確実性というのも同じ意味です。たとえば、犯罪として殺人罪や窃盗罪が存在する以上、人を殺したり他人の物を盗んだりした者があれば、

その者は何らかの形で必ず罰せられなければならない、とすることがこれです。

　すなわち、法的安定性の存在するところでは、正しい行為と違法な行為とが明確にされていなければなりません。また、権利と義務と責任の種類や範囲が明確な形で示されていなければなりません。それらのことが、一般的な形で明確になっていなければ、人々は安心して行動することができません。

　生活の安全のためには、いわゆる**予測可能性**が必要です。予測可能性がないところでは、人はこれからおこなおうとする自分の行動が、はたして法律に違反するものかどうかをあらかじめ判断することができず、常に不安定な状態におかれることになります。

　以下に、法的安定性を確保するための条件について考えてみましょう。

①法の内容の明確性
　近代刑法の基本理念に「**罪刑法定主義**(ざいけいほうていしゆ ぎ)」というものがあります。これは、どのような行為を犯罪とし、それに対してどの程度の刑罰を科すかについて、常にあらかじめ明確な法律の規定が存在しなければならない、とする原則です。

　この罪刑法定主義の存在理由は、ただ単に法律の規定によって犯罪と刑罰との関係を明示、予告するということにとどまるものではありません。刑罰の対象となる犯罪の類型（構成要件）を明確化することによって、国家（政府）の刑罰権を抑制・制限して個人の権利と自由を守るという意味があり、深く人権思想に根ざすものです。

　さらに、この原則は、何を犯罪とし、その犯罪にどのような刑罰を科すかについて、国民の代表である国会の作る法律で決めるという意味で、国民の意思を反映させる民主主義の要請に一致するものです。

　罪刑法定主義は、近代刑法の父といわれるドイツの刑法学者フォイエルバッハ（P.J.A. Feuerbach 1775-1833）が提唱したもので、「**法律なければ犯罪なく、法律なけれ**

【罪刑法定主義】

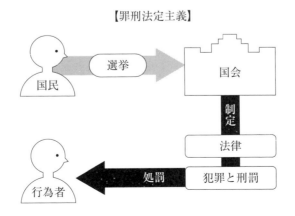

【刑罰不遡及の原則】

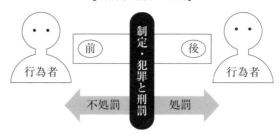

「**ば刑罰なし**」という標語が有名です。この原則は、実際の法律の上で、次のような機能をもちます。すなわち、(a) 慣習刑法の禁止、(b) 刑法の遡 及 効*の禁止（事後法の禁止）、(c) 類推解釈**の禁止、(d) 絶対的不定期刑***の否定など、がこれです。

> ＊　遡及効とは、法律の効力がその法律の成立以前に 遡 って及ぶことを意味します。
> ＊＊　類推解釈とは、ある事件について直接に適用できる規定がない場合に、類似した事実に適用される規定を適用することをいいます。たとえば、「自転車は通行禁止」という規定があってオートバイには規定がない場合、オートバイも通行禁止と推論するような例がこれにあたります。
> ＊＊＊　絶対的不定期刑とは、懲役刑を言い渡すときに刑期をまったく定めないことをいいます。これに対して、言い渡しの際に刑期を確定せず、たとえば3年から5年までというように宣告しておいて、執行中の状況に応じて釈放の時期を決めるものを「相対的不定期刑」といいます。

　この罪刑法定主義は、古くは1215年のイギリスの「マグナ・カルタ」（大憲章）にも見られ、1789年の「フランス人権宣言」で確立したとされ、日本国憲法31条でも確認されています。

②法の不変更性

　法は社会生活の規範の一つですから、社会状況・国民意識の変化や発展に即応して、その内容も変化していくことは避けられません。今日のような高度な情報化社会では、これまでの法律だけでは国民生活のニーズに対応することが困難になります。プライバシーや個人情報の保護、サイバー・テロなどに対処するためには、これまでの法律を改正したり新しい法律を作る必要があります。

　しかし、その変更の頻度が極端になることは、法的安定性を害する原因となります。法律の制定や改廃があまりにも頻繁になされるようなことは、社会秩序の維持と安定のためには避けなければならないものです。

③法の実効性

　法が社会の構成員によって実際に遵守されていることを、法の実効性といいます。法が法であるといえるためには、それが現実の社会生活に働きかけ、その中に事実として実際に法の内容が実現されているということが重要です。ここで実際に実現されるという意味は、社会においてそれが例外なくおこなわれることを意味するものではなく、それが現実におこなわれる一定の確実性をもつことを意味します。

　法律が定められた手続を経て制定され、契約が定められた方式で締結されたとき、それらは効力をもつといわれますが、この効力と実効性とは必ずしも一致するものとは限りません。有効に成立した法が、まったく守られない状態になっている場合もあれば、正式に成立したものでない規範が、実効性をもっている場合もあります。このような状態が長期間続くと、ついには実効性が法の効力に影響を及ぼし、有効な規範を無効にし、無効な規範を有効にするといわれます。これを、イエリネックは「**事実の規範力***」と呼んでいます。

> 　*　イエリネックは、一定の事実が繰り返し（反復して）おこなわれると、国民の間にそれを規範として認める心理が生じることから、事実の積み重ね自体の中にそれを規範とさせる力があると考えました。

　法による命令や禁止が実際に社会で守られなくなると、その法律の条文は死文となり、法が枯れ木のようになってしまい、法的安定性が害されます。最近の風潮に照らすと、未成年者飲酒禁止法などはやや死文化しているようにも見えます。

④法の内容と国民意識の一致

　法は、その内容がその時々の国民多数の意識に一致していないと、その遵守を期待することが困難になります。

　アメリカは、第28代大統領 W. ウィルソンの時代の1919年に憲法を改正して、自国の領土内における酒類の製造、販売、輸送を全面的に禁止しました（修正18条）。第1次世界大戦の勝利を背景に、理想主義に立つ大統領がピューリタニズムの精神から、この**禁酒法**を実施しましたが、多くの国民はこの精神主義にはついて行けず、アメリカの各地で禁酒法が破られ、密造酒が横行し、これを秘密組織を使って密売する悪徳商人の集団を出現させました。その後、禁酒法は、1933年に F. ルーズベルト大統領によって廃止されましたが、これによって失業した密造酒販売業者の一部が銀行強盗などの集団犯罪を犯し、社会不安を増大させたことはよく知られています。

この問題は、法と道徳との関係の問題であると同時に、多数の国民の意識を無視した法は、むしろ社会に混乱を招き、結果として法的安定性を害することを私達に教えています。

（2）法的安定性追求の具体例

近代法治国家の理念それ自体が、法的安定性追求の例といえます。

法治国家とは、一般に、行政や司法があらかじめ議会の制定した法律の制限の下に行動する国家をいい、**「法律による行政」の原理**が守られていることを前提とする国家を意味します。その内容は、(a) すべての行政機関や司法機関の行動は、法律によって定められた権限の範囲内に属さなければならないこと、(b) すべての行政作用、司法作用は、法律の規定に違反してはならないこと（法律の優位の原則）、(c) すべての行政権、司法権の発動には法律の根拠を必要とすること、などです。

4．両者の緊張関係

法の目的・理念である具体的妥当性（正義）と法的安定性（秩序）の両者は、とかく矛盾し対立する関係におかれます。つまり、法的安定性を確保しようとすれば具体的妥当性がおろそかになり、具体的妥当性を追求しようとすれば法的安定性が害されることになりやすいのです。

そこで、この2つの理念が両立できる道、あるいは両者の調和点、妥協点を見つけることが、法律学に課せられた重要な課題となります。以下、この問題を2つの側面から考えてみましょう。

（1）法的安定性を優越させる考え方—悪法も法なり—

この立場は、法的安定性の優越において問題を解決しようとする考え方です。

ギリシャの哲学者ソクラテス（Sokrates B.C.470-399）の生き方は、この考え方の典型といわれます。ソクラテスは、アテナイの青年達を惑わせたという理由で反対者によって告発され、公開裁判にかけられて死刑の判決を受けました。多くの弟子達は、この不当な措置に反発し、獄中にあった師に逃走することを強く説得しました。弟子のほかにもソクラテスに同情する者は多く、牢屋の番人も彼がいつでも逃げられるように鉄格子の鍵をかけずに開けていました。しかし、ソクラテスは、このような弟子達の勧めや牢屋の番人の配慮を断り、法を破って逃走するという不正を選ばず、毒杯を飲んで獄中に

死んだといわれます。

　哲学者の教説を社会を混乱させるものとして処罰するような法は、明らかに悪法であって、これに従うことは正義に反することになります。けれども、ソクラテスは、いったん法が法として定められた以上は、その法を遵守(じゅんしゅ)することが無秩序と混乱を避けるためにも必要であり、法の権威の失墜(しっつい)を防ぐためには、悪法と思われる法にも従うことが正しい行為である、と考えたのです。

　わが国にも、戦後の食糧難の時代に違法な闇米(やみごめ)を徹底的に拒否して、そのため極度の栄養失調になり死亡した裁判官の例*があります。

> ＊　昭和22年に死亡した山口良忠裁判官の病床日記には、「食糧統制法は悪法だ。しかし法律としてある以上、國民は絶対にこれに服従せねばならない。自分はどれほど苦しくともヤミ買出しなんかは絶対にやらない。従つてこれをおかすものは断固として処断せねばならない。自分は平常ソクラテスが悪法だとは知りつゝもその法律のためにいさぎよく刑に服した精神に敬服している。今日、法治國の國民にはとくにこの精神が必要だ。自分はソクラテスならねど食糧統制法の下、喜んで餓死するつもりだ。敢然ヤミと闘つて餓死するのだ」と書かれていたといいます。

　法的安定性優越の考え方は、たとえ法の内容が不公正なものであったり、法の内容が不合理なものであっても、**秩序の安定と維持**を第一に重視するものです。すなわち、誤った裁判でも、それが確定した場合には、当事者はこれに従わなければならないとします。神ではない人間がおこなう裁判に絶対に誤りがないとはいえませんが、誤った裁判もありうるということを理由に、判決に既判力(きはん)**を認めないとするならば、法的安定性を確保することはできないのです。

> ＊＊　既判力とは、確定した判決の内容が当事者間の法律関係の基準となり、同じ当事者間で同一の事項が再び訴訟上の問題となった場合、裁判所は前の裁判内容に拘束されるという効果を意味します。

（2）具体的妥当性を優越させる考え方—悪法は法にあらず—

　この立場は、具体的妥当性の優越において問題を解決しようとする考え方です。

　一般に、「悪法も法なり」とする秩序優先の主張も、どのような場合でも無制限に認められるわけではありません。たとえば、キリストが誕生するという予言におびえたヘロデ王が「2歳以下の男の子を皆殺しにせよ」と命令した場合や、ナチスがユダヤ人迫害のために制定した「ニュルンベルグ法***」などの場合、これを法として守るべきか

否かはきわめて問題となります。

> ＊＊＊　ニュルンベルグ法とは、1935年にナチス政権下で制定された「ドイツ人の血と名
> 誉を守るための法律」と「帝国市民法」の２つの法律をいいます。これにより、ユダ
> ヤ人とドイツ人との結婚、性交渉が禁止され、ユダヤ人の政治的権利が剥奪され、企
> 業経営も禁止されました。

　17、18世紀に支配的となった**自然法思想**＊や社会契約説を背景として主張された「抵抗権」の思想は、この「悪法は法にあらず」の考え方に立っています。抵抗権とは、不正な国家の権力の行使に対して人民が実力をもって抵抗する権利をいいます。第2次世界大戦後、ドイツ諸州の憲法がこの抵抗権に関する規定を設けたことは、大戦中におこなわれたファシズム支配と、それに対する抵抗運動の展開を背景にもっていることを物語っています。

> ＊　自然法思想とは、現におこなわれている法あるいは過去に現実におこなわれた法を
> 実定法というのに対し、あらゆる時代・場所に永久不変に妥当する法があるとする考
> え方を意味します。つまり、人間社会が人間社会である以上、当然に認められるべき
> 普遍的な法が存在するという思想をいいます。

　ところで、この問題を考える上で、「**法の支配**」と「**法治主義**」の違いを理解することが重要です。「法の支配」とは、国家の権力を「法」で拘束することで、国民の権利と自由を擁護（ようご）することを目的とする原理です。ただし、ここでいう「法」とは、法であれば何でもいいというわけではありません。人間が人間として生まれながらにもっているとされる基本的人権が、法によって保障されており、適正な手続に従って作られたものでなければなりません。言い換えれば、法の支配の原則は、「**個人の尊厳と自由**」を守るために国家権力の濫用（らんよう）を排除することであり、そのためには「人の支配」ではなく「法の支配」が必要であると考えます。そこでは、単なる法の支配ではなく「個人の尊厳と自由を守る法」の支配が求められるのです。

　一方、「法治主義」とは、国民の権利を奪ったり義務を課す場合には、必ず法律上の根拠が必要であるという原理です。「法の支配」の考え方がイギリス、アメリカで発達してきたのに対して、「法治主義」は主にドイツで発達してきました。明治憲法（大日本帝国憲法）で、「臣民権利義務」の条文に「法律ノ範囲内ニ於（おい）テ」とか「法律ニ定メタル場合ヲ除ク外（ほか）」と書いているのは、この法治主義をよく表しています。

　「法治主義」の場合、「法」の内容を問わないという点で、「法の支配」とは異なりま

す。治安維持法*のような人権を侵害する悪法も法律である以上、これに拘束されるのです。上に見たように、ドイツでもナチス時代にユダヤ人の迫害が合法化されるなど、人権侵害がまかり通っていました。ただし、戦後のドイツでは、ナチス時代の反省から、「法」の内容を問題にする「実質的法治主義」が採用されたので、「法の支配」とほぼ同じものとなっています。

> *　国体の変革と私有財産制度の否認を目的とする政治結社や行動を処罰する法律（大正14年制定）。

　この法の内容を問題にする考え方の背景には、自然法の思想があります。日本国憲法では、「法の支配」がおこなわれるようにするために「**違憲立法審査権**」という権限を裁判所に与えています（81条）。人権を侵害する法律か否かを裁判所が決められるという制度です。最高裁判所で、その法律が憲法違反であるという判断が確定すれば、その法律は無効とされます（98条）。

（3）まとめ

　以上に見たように、秩序を優先させるという立場と正義が優越するという立場の両者がありますが、具体的な問題が起こった場合に、どちらを優先させるべきかを考えてみましょう。

　まず第1は、上に述べた法の2つの理念ができる限り両立するように努力することが重要です。つまり、具体的に妥当で適切な結論を法の安定を乱さないように注意しながら追求するということであり、法の安定に執着して具体的に妥当でない結論を導き出してはならない、ということです。

　第2は、この両者がどうしても両立できない場合にも、2つの理念の調和点、妥協点を発見することに努力することです。法学上の重要な諸問題は、すべてこの点に集中しているといっても過言ではありません。

　第3は、以上の努力にもかかわらず、どうしても調和点を見いだすことができない場合には、原則として法的安定性（秩序）を優先させ、具体的妥当性（正義）が優越するのは例外であると考えるべきです。言い換えれば、極端な形で正義、正しさが損なわれる場合に限って、「悪法は法にあらず」の考え方が前面に出るべきだといえるでしょう。

　ところで、この問題を考える場合には、法律の制定手続が民主化されているかどうかが重要な要素になります。独裁政治とは異なり、国民主権主義に立つ民主政治の下では国民の多数意思が法律に反映されるから、自分の意見に反する法律に反対するために実

力行使などの非常手段に訴えることは正しいとはいえません。もし、自分が悪法だと考える法律があったとしても、選挙を通して国会における法律の改正という方法で解決できるからです。

第3章

わ が 国 の 法 の し く み

1. 総　説

　法は、どのような形式で存在しているかの問題は、一般に「法源」の問題として扱われます。

　法は、大別して成文法と不文法に分けられ、さらに成文法は、憲法、法律、命令、議院規則、最高裁判所規則、条例、条約に分類され、不文法は、慣習法、判例法、条理に分けられます。

2. 成文法

　成文法とは、文章によって表現された法を意味し、一定の手続と形式にしたがって制定されることから「**制定法**」とも呼ばれます。

　成文法の長所としては、（1）法の内容が文字で明確に示されること、（2）法の制定や改正が比較的容易にできることから、さまざまな制度を改革するのに適していること、（3）法的安定性が期待できること、などがあげられます。

　反対に、成文法の短所としては、（1）文章で表現されることから固定的になりやすく、時代や社会の変化に即応できなくなる可能性があること、（2）法の制定過程が複雑化、専門技術化するから、法に対する一般国民の理解が困難になるおそれがあること、などがあげられます。

　今日では、世界の多くの国が成文法主義を採用しています。以下、わが国における成文法の存在形式を見ていくことにしましょう。

（1）最高法規としての憲法

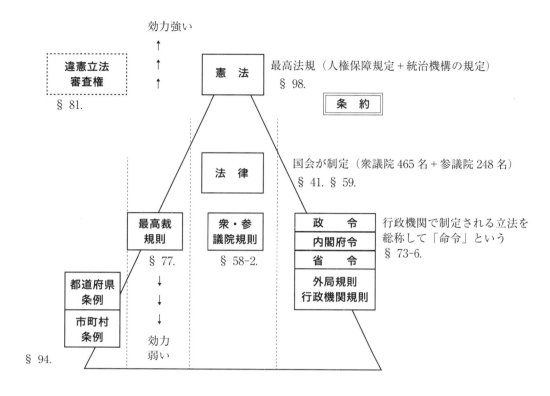

　一国の法や規則は、無秩序に作られているのではありません。この図に示されているように、効力の強いものから順番にピラミッドのような段階構造になっています。

　まず、法や規則の頂点に最高の法として「憲法」が存在します。憲法は、人間が生まれながらに有する「人権規定」と、その国の「政治のしくみの規定」から成り立っています。

　憲法は、国の最高法規ですから、その効力は法律や命令その他のすべての法令に対して優越します。憲法98条1項は、「この憲法は、国の最高法規であつて、その条規に反する法律、命令、詔　勅*及び国務に関するその他の行為の全部又は一部は、その効力を有しない」と定めています。つまり、すべての法律や規則は、この憲法の規定に違反することは許されず、すべて憲法のワクの中で政治や行政がおこなわれなければならないのです。

　*　天皇の意思を表示する公文書（内閣総理大臣、最高裁長官の任命の辞令書など）。

　普通の法律が、衆議院と参議院の議員の過半数の賛成で作られたり、改正されたりす

るのに対して、最高法としての憲法を改正するには、衆議院と参議院の総議員の3分の2以上の賛成で発議して、さらに国民投票で過半数の賛成がなければならない、とされています（96条）。このように、普通の手続よりも厳重な手続を経なければ改正できない憲法を「**硬性憲法**」といいます。程度の差はありますが、今日、成文の憲法をもたないイギリスを除く世界の憲法の多くは硬性憲法です。

（2）法　律

「法律」という語を使う場合、広い意味と狭い意味があることに注意が必要です。広い意味で法律という場合には、この図に示されている憲法はもちろん、法律、命令、規則、条例、条約などすべてのものを含む意味で使われます。「私は法律を学んでいる」とか「法律は弱者のためにある」などという場合がこれです。

これに対して、狭い意味での法律とは**国会が制定する法規範**（ルール）を指します。この場合には、憲法や命令、議院規則などは法律ではありません。一般的に、ただ「法律」とだけいわれる場合には、広い意味で使っているのか、狭い意味で用いられているのかをまず判断する必要があります。この教科書で扱う「法律」の意味は、この狭い意味で用いることに注意してください。

法律は、国民が選挙した国会議員が作ります。通常は、一定数の議員が集まって法律案を提出して、各議院の委員会でそれを審議して、本会議で議決することで法律が作られます。これが本来のやり方ですが、今日では内閣が法律案を提出するケースが多くなっています。

憲法は、法律を作る手続について基本的なことを定めています。衆議院と参議院は、おのおの総議員の3分の1以上の出席があれば会議を開くことができ、通常は、出席した議員の過半数の議決で法律を制定したり、改正したりすることができます（56条）。また、二つの議院で意見が異なる場合については、憲法は**衆議院に優越的な権限**があることを定めています。優越が認められるのは、法律案の議決のほか、予算の議決、条約の承認、内閣総理大臣の指名があります。

なぜ、衆議院にこのような優越的な権限が与えられるか。それは、参議院と比べて衆議院の方が、国民の意思をより反映できるしくみになっているからです。衆議院は、議員の任期が4年と短く、内閣と意見を異にするときには解散という制度によって議員全員が入れ替わることから、任期が6年で解散制度のない参議院と比べて、国民の意思をより直接に反映できるという側面があります。

なお、法律が制定、改正された際には、主任の国務大臣と内閣総理大臣が署名して、

天皇による公布がおこなわれ、原則として交付の日から20日を経て施行されることに
なっています。

　このように、国民の選挙によって選ばれた国会議員が作る法律は、国民の権利を制限
したり、国民に新たな義務を課したりすることができ、憲法のつぎに強い効力が認めら
れます。

（3）命　令

　法律には、それを実際に適用する際の細かな点について、すべて規定することは困難
です。

　たとえば、道路交通法は運転免許の取消しや停止について規定（103条）をおいてい
ますが、細かい違反行為は点数制度により、一定の限度を超えた場合に免許の取消しや
停止をおこなうこととされています。この細かい点数制度については法律で定めること
が適当でないので、現場に詳しい行政機関の命令で定めることとされています。具体的
には、駐車違反やスピード違反、一時停止違反はそれぞれ何点の減点になるのか、減点
が何点に達すれば免許停止になるのか、などがこれにあたります。

　法律の規定を実施・執行するために必要な細則を定めるものを「**実施（執行）命令**」
といい、法律の規定によって個々に委任された事項を定めるものを「**委任命令**」といい
ます。

　このような国会でない行政機関（公官庁、行政委員会）が作る法を総称して「**命令**」
と呼びます。この命令は、国民の意思が反映される国会が制定するものでないから、特
に法律の委任がない限り罰則を設けることができない、とされています。また、法律と
は無関係に、法律に依存しないで独立に発せられる命令（これを**独立命令**といいます）な
どは、まったく認められないことはいうまでもありません。

　命令の中で、行政権のトップにある内閣が制定するものを「**政令**」と呼び、強い効力
が認められます。ついで、内閣府や各省庁の大臣が制定する内閣府令、省令があり、各
省以外の外局や行政委員会が作る命令（人事院規則、公安委員会規則など）があります。

（4）議院規則

　衆議院と参議院は、それぞれ独立の議院として自律権に基づいて活動します。議院で
の議事の進め方や運営については、各議院が単独の議決で定める議院規則（衆議院規
則、参議院規則）は、両議院の議決で成立する法律（国会法）よりは効力が劣ると考え
るのが常識です。ところが、上で見た衆議院優越の制度の下で、参議院規則は法律より

は効力が劣るとした場合、参議院の自律性・自主性が無視されるのではないか、という問題があります。

　この議院規則は、議院の運営に関する規則を定めるものですから、議院の内部にだけ効力をもち、直接に一般国民に対して拘束力を及ぼすものではありません。しかし、議院の内部においては、国務大臣や傍聴人、公述人なども拘束されます。議院規則は、一般国民を拘束する通常の法規*とは異なりますから、法律のように公布の手続はとらず、必要に応じて官報に公示する方法がとられます。

> 　*　法規は、広い意味では法規範一般を意味しますが、狭い（本来の）意味では国民の権利を制限したり義務を課す内容の法規範を意味します。権力分立主義の下では、この本来の意味での法規は国民を代表する国会が定めるものとされます。

（5）最高裁判所規則

　わが国は、権力分立の制度を採用しています。その意味から、裁判所は自律権をもって、裁判所の内部規律や司法の事務処理に関する規則については、裁判所自身が制定することが望ましいとされています。

　憲法77条1項は、「最高裁判所は、訴訟に関する手続、弁護士、裁判所の内部規律及び司法事務処理に関する事項について、規則を定める権限を有する」と定めています。三権分立の原理と司法権の独立の見地からも、裁判の実務に詳しい最高裁判所に規則制定権を認めることにはそれなりの理由があります。

（6）条　例

　条例とは、地方公共団体（都道府県・市町村）の定める法をいいます。憲法は、地方自治を尊重するという見地から、地方公共団体が「法律の範囲内で」条例を制定することを定めています（94条）。ここにいう条例とは、狭い意味では地方公共団体の議会が制定するものをいいますが、広い意味では知事や市町村長が制定する規則や地方公共団体の委員会が制定する規則（都道府県公安委員会規則など）を含みます。

　このように、地方の特色や必要に応じて作られる条例は、あくまで「**法律の範囲内**」または「法律に反しない限りにおいて」定めることとなっていますから、その効力は国の法律や命令には劣るとされています。

（7）条　約

　条約とは、国と国との文書による契約を意味します。憲法にいう条約とは、必ずしも条約（treaty）と呼ばれるものだけでなく、協約（convention）、協定（agreement）、議定書（protocol）、憲章（charter）、宣言（declarations）などが含まれます。条約は国際法上の法形式ですが、同時に国内法としての効力を認められる場合が少なくありません。

　条約の締結手続は次のとおりです。まず、内閣によって任命された全権委員が相手国の全権委員と交渉して合意内容を確認します。確認したものを文書にして委員が署名・調印します。そして、その署名・調印された文書を自国に持ち帰り、内閣が批准（内容の最終確認）するのですが、その際、事前または事後に必ず国会の承認が必要とされます（憲法73条3号）。その後、天皇による公布（7条1号）がおこなわれます。

　条約と憲法は、どちらの効力が優位なのかについて学説の対立がありますが、多くの学説は、憲法の改正手続が条約の締結手続よりも厳重であるという理由から、憲法の方が条約に優位するという見解をとっています。

　ところで、わが国では「**六法**」という言葉があります。六法とは、日本の代表的な6つの法典―**憲法、民法、商法、刑法、民事訴訟法、刑事訴訟法**―を意味しますが、それが転じて、これらの法典を含むさまざまな法令や条約を収録した書物を意味するようになりました。社会のそれぞれの分野で用いられるものとして、「福祉六法」「自治六法」「会計六法」「教育六法」などがありますが、いずれもその分野に関係する**法令集**を意味します。

（8）違憲審査制の意義

　これまで見てきたように、わが国の法のしくみは憲法を最高法とするピラミッド型の段階構造になっています。

　憲法を最高法としてその効力を保たせるためには、憲法に反する法律や命令、規則、条例が作られた場合、それらは憲法に違反するものとして効力を否定、つまり無効なものとしなければなりません。それを放置して、憲法に違反する法律や命令が生き続けると、最高法としての憲法が骨抜きになってしまいます。つまり、憲法はただの絵に描いた餅になってしまい、その時々の国会議員の多数意見や内閣のやりたい放題の政治がまかり通ることになってしまいます。

　そうなると、国会の多数意見には反映されない少数の人々の大切な人権は無視され、

多数政党の独裁政治を許すことになりかねません。私たちの先輩が努力して築いてきた立憲主義的な民主制が壊されてしまいます。いかに国民の多数意見が支持する法律、命令、規則であったとしても、憲法の規定や精神に反するものは許されない、としなければなりません。ドイツのナチス党独裁という苦い経験を経て、戦後の世界各国は憲法の最高法規性を保障するための制度を設けることになりました。このような制度を**違憲法令審査制**または違憲立法審査制といいます。

　この違憲審査制度は、国によってさまざまな形をとっています。フランスやドイツなどのヨーロッパの国々では、違憲審査をおこなう独立の機関を設置する方式をとっています。フランスでは憲法院の制度、ドイツやイタリアでは**憲法裁判所**の制度を設けて、具体的な権利義務の訴訟とは別に、抽象的な憲法問題を扱う審査制度をとっています。これに対して、アメリカでは通常の裁判所の具体的な訴訟を通して付随的に審査する方式を採用しています。日本の違憲審査制度は、アメリカ流の**付随的審査制**であると解釈されています。

　ヨーロッパの多くの国が採用する抽象的な審査制は、憲法違反の法律、命令を排除して、憲法を頂点とするピラミッド型の法の秩序を維持することを目的とするものです。アメリカが採用する付随的な審査制は、個人の人権保障を第一に考える伝統的な司法権の考え方に基づいた制度といえます。少し前までは、この二つの制度は質の異なるものと考えられてきたのですが、それぞれが機能を付け加えて歩み寄るようになりました。わが国が採用するアメリカ流の付随的審査制も、個人の人権保障を通して憲法の秩序そのものを保障する面をもっています。

　日本国憲法の81条は「**最高裁判所は、一切の法律、命令、規則又は処分が憲法に適合するかしないかを決定する権限を有する終審裁判所である**」と定めています。ここには、条例という語が見られませんが、それは広い意味の「法律」に含まれるとされ、「処分」には一般の行政処分はもちろん、裁判所の判決も含まれると解されています。

　このように、憲法が定める違憲立法審査制は、私たち国民のかけがえのない人権を多数政党の横暴から守る重要な役割を果たすものといえます。戦後70年を経た現在、法律や命令が憲法に違反するかどうかについての最高裁判所の判決も、相当な数にのぼります。これらの判決は、最高裁判所が憲法をどのように解釈しているのかを知る材料になります。この意味から、憲法の学習のためには、これらの最高裁判所の判例を学ぶことが重要になるのです。

3．不文法

　不文法とは、文章をもって制定された成文法以外のすべての法、非制定法を意味します。不文法には、慣習法、判例法、条理の三種があります。条理については、これを不文法の一つに数えるかについて議論がありますが、ここでは不文法の一つとする考え方に立って解説します。

（1）慣習法

　慣習法とは、国会などの立法機関の制定手続を経ないで、社会生活の中に慣行的におこなわれている法をいいます。

　社会生活の中には、多くの「ならわし」があります。お彼岸には墓参りをするとか、冠婚葬祭の儀式には礼服を着て出席する、などという慣行があります。これは「**事実たる慣習**」といわれます。慣習法は、社会におこなわれている慣習を基礎として成立するものですが、単なる慣習ではなく、それが社会の人々の規範意識によって支えられていることが必要とされます。すなわち、慣習法が成立するためには、第1に慣習が繰り返し継続的におこなわれることによって、その内容が確定していることが必要であり、第2に社会の人々によって、この慣習にしたがうことが社会の秩序を維持するために必要である、と意識されていること（これを**法的確信**といいます）が必要とされます。

　事実たる慣習は、当事者がこれにしたがう意思がある場合に限って効力が認められますが（民法92条）、当事者の意思によって効力を認められるに過ぎないという点から、それは法とはいえないと解されます。慣習法は、法である以上、当事者の意思にかかわらず、一般的な強制的通用力が認められるはずです。しかし、以下に述べるように、慣習法の効力は、原則として成文法に対する**補充的効力**しかないのです。

　慣習法の効力について、法の適用に関する通則法3条は、「公の秩序又は善良の風俗に反しない慣習は、法令の規定により認められたもの又は法令に規定されていない事項に関するものに限り、法律と同一の効力を有する」と定めています。つまり、慣習法は、成文法が認めたものと成文法に規定のない事項に限って法律と同じ効力をもつということで、慣習法が成文法を補充する効力をもつことを意味しています。

　なお、成文法の規定によって、慣習法が成文法に優越することを定めている例があります。商法1条2項は、「商事に関し、この法律に定めがない事項については商慣習に従い、商慣習がないときは、民法の定めるところによる」と規定し、商慣習法が成文法

である民法よりも優越するものとしています。

（2）判例法<ruby>判例法<rt>はんれい</rt></ruby>

　裁判の先例の形で存在する法を判例法といいます。英米法系の国、とくにイギリスは典型的な判例法の国です。**判例法主義**の国では、ある具体的な事件についての裁判所の判決が示されると、それが先例となって、将来の同種の事件の裁判を法的に拘束することになります。

　これに対して、ヨーロッパ大陸の諸国やわが国のような**成文法主義**の国々では、事情は大きく異なります。わが国では、最高裁判所、高等裁判所、地方裁判所、家庭裁判所、簡易裁判所があり、3回の審査を受けられる三審制をとっています。そして、上級審（最高裁、高裁）の判断は、その事件に関してのみ下級審（地裁、高裁）を拘束するに過ぎず、最高裁判所の判決も大法廷（15人の裁判官全員の法廷）の判決によれば、変更することが認められています。つまり、わが国の裁判制度では判例の拘束性は認められていないのです。

　しかし、同じような事件について、上級審の裁判所の判決例と異なった判決をすれば、上級審で破棄＊される可能性が高いので、おのずと下級の裁判所は最高裁判所の判例を尊重するようになります。そこで、地方裁判所や高等裁判所では最高裁判所の判決例に反するような判決がなされることがきわめて少なくなり、将来の事件を解決するためのよりどころとなるような規範が成立します。

> ＊　破棄とは、上級の裁判所が訴えに理由があるとして一つ前の裁判所の判決を取り消すことをいいます。

　このように、わが国においては、イギリスと同じではないにしても、判例の事実上の拘束力は存在するといってよく、判例法が存在すると考えてよいといえます。

（3）条　理<ruby>条<rt>じょう</rt>理<rt>り</rt></ruby>

　条理とは、「**物事の筋道、事物の自然の道理**」という意味で、事物の本質または単に道理という意味です。よく法律家が用いる「社会通念」とか「正義公平の原則」、「公序良俗」などという言葉も同じ意味といえます。これを法の一つとして考えるかについては、意見が分かれるところです。

　民事事件の裁判においては、その事件に適用すべき法律がなく、さらに慣習法や判例法もない場合、適用すべき法がないからといって判決を出さないわけにはいきません。

このような場合どうすればよいか。**「裁判事務心得」**（明治8年）は，このような場合には条理をもって裁判すべきとしています。外国にも同じような規定があり、イタリアでは「法の一般原則」（法例3条）、スイスでは「裁判官がかりに立法者であったら制定するであろうような準則」（民法1条2項）によって裁判せよ、という規定があります。

　このように、条理は成文法や慣習法に対して補充的な位置にある法形式と考えることができます。

第**4**章

保 育 を め ぐ る 法 律 問 題

　保育の現場では、さまざまな法律問題が起こる可能性があります。ここでは、多くの法律問題の中から、とくに園児の事故、ケガと保育者の責任、保育者の勤務と労働関係の2点に絞って考えてみます。

1．園児の事故、ケガと保育者の責任

　幼稚園、保育所、認定こども園（これを一括して園と呼びます）で園児の事故が起きた場合、保育者はどのような法律で、どのような責任を問われるのかについて、その概要を述べてみましょう。

（1）責任は誰が負うか

　園内で園児の事故が起きたとき、まず責任がどこにあるかが問題となります。そもそも責任という場合、2つに分けて考える必要があります。道義的責任と法的責任の2つがこれです。道義的責任とは道徳的な責任、倫理上の責任を意味します。原因はともかく、園児に怖い思いや痛い思いをさせたことは申し訳なかったという意味から、園にも道徳上の責任があるという意味で用いられます。これに対して、損害賠償を伴うようなものを**法的責任**といいます。

　法的責任には、**民事責任、刑事責任、行政上の責任**の3種類があります。私立幼稚園の園児の事故の場合、一般的には民法の不法行為の規定が適用されます。責任を問われるのは、直接園児を教育・保育していた教諭、保育士、園長、園を運営する法人、法人の理事長などです。公立幼稚園の場合は、園を運営する自治体、自治体の長などです。

　ところで、民法715条は、「ある事業のために他人を使用する者は、被用者がその事業の執行について第三者に加えた損害を賠償する責任を負う」と規定しています。つまり、園の主たる事業である保育中に起きた事故については、教諭や保育士のほか雇用主である幼稚園、保育所が賠償責任を負うことになります。

　また、幼稚園、保育所が国公立の場合は、私立の場合と異なり、教諭、保育士は公務員になります。公務員が故意または過失で他人に損害を加えたときは、国家賠償法1条に基づいて、使用者である国または地方公共団体が責任を負うことになります。このいずれの場合においても、雇用主、使用者から事故現場にいた教諭や保育士に賠償を求めることができると定められています。

（2）不法行為とは何か

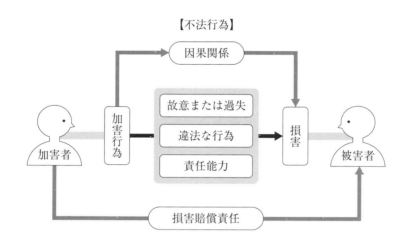

　民法709条は、「故意又は過失によって他人の権利又は法律上保護される利益を侵害した者は、これによって生じた損害を賠償する責任を負う」と定めています。責任を負う根拠となるのは、①不法行為と②債務不履行（とくに安全配慮義務）です。

　不法行為とは、ある者が他人の権利ないし利益を違法に侵害する行為をいい、その場合に、加害者に対して被害者の損害を賠償すべき責務を負わせることにしています。加害者に損害を賠償させるためには、加害者の行為が不法行為の要件を満たしていることが必要です。不法行為が成立するためには、まず①**「故意又は過失」**があることが必要です。

　故意とは、自分の行為が他人に被害を及ぼすことを知っていて、あえて（わざと）これをおこなうことです。**過失**とは、通常要求される注意を怠ることをいいますが、詳しくいえば、「損害（被害）が発生する予見可能性が認められるにもかかわらず、その結果を回避すべき義務を怠ったこと」をいいます。

　ところで、この過失があったかどうかは、それぞれの職業における標準的（平均的）な基準に基づいた注意義務が問題となります。園児の事故についていえば、その場を担当していた具体的な保育者個人の能力を基準として判断されるのではなく、**標準的な保**

育者としての注意能力が基準となります。つまり、標準的な保育者であったなら、そのような危険が予見可能であったか、また危険を避けるためにどのような措置をとるべきであったかを考えて、過失があったか、なかったかを判断するということになります。

つぎに、②**権利、利益の侵害**があることが必要です。園児の生命、身体、財産は法的な保護に値する利益にあたりますから、これらに対する侵害行為は当然に違法とされます。

③**「損害」**には、財産的損害と精神的損害があります。前者には入院費・手術費や治療費・交通費などが含まれ、事故がなければ入っていたと考えられる損害—逸失利益、休業損害などが含まれます。後者は、精神的苦痛ともいい、それに対する賠償は慰謝料といいます。

④不法行為が成立するためには、加害者の行為と被害者に生じた損害との間に、「Aがなければ B がない」という事実上の**因果関係**（原因結果の関係）がなければなりません。一般の経験則に照らして、その行為からその結果が発生することが相当であるとみられる場合に、因果関係があると認められます。

⑤不法行為が成立するためには、行為者に**責任能力**があることが必要です。他人に損害を加えた場合であっても、自分の行為が不法な行為であって、法律上の責任が生ずることを判断できるだけの知能を欠く者に対しては、責任を問うことはできません（民法712条）。

責任能力があるかないかは、年齢によって画一的に定まるものでなく、各個人について具体的に判断されますが、未成年者は、およそ12歳前後までは責任無能力であるとみられます。園児が加害者になって損害が生じたような場合には、園児の親権者（親）または親権者に代わって園児を監督すべき者（園長、教諭、保育士）の責任が問題となります（714条）。

（3）債務不履行とは何か

民法415条は、「債務者がその債務の本旨に従った履行をしないとき又は債務の履行が不能であるときは、債権者は、これによって生じた損害の賠償を請求することができる。」と定めています。

ここにいう**債務**とは、相手方に特定の行為をしなければならない義務を意味します。つまり、相手方（売主）に代金を支払ったり、相手方（買主）に品物を引き渡したり、労力（サービス）を提供したりしなければならない義務のことを指します。これに対して、**債権**とは相手方に特定の行為をさせる（要求できる）権利を意味します。

　ところで、**債務不履行**とは、債務を負っていながら、故意または過失によって債務をおこなわないことをいいます。やさしくいうと「約束を守らないこと」といえます。幼稚園の例でいえば、園は保護者との契約に基づいて、園児の生命、身体、財産という権利・利益を侵害することなく、安全に保育や幼児教育のサービスを提供する義務を負っています。この園の**保育サービス提供の義務**が「債務」の内容です。つまり、この義務（債務）に違反した場合には、「債務不履行」として損害賠償の対象になるのです。

　この義務は、具体的には「**安全配慮義務**」といいます。一般に、「安全配慮義務」とは、企業や学校が、労働者、学生・生徒・児童・園児などに対し、生命・身体の安全や健康を守るように配慮しなければならない義務をいいます。企業と従業員、国（地方自治体）と公務員、学校運営者と生徒・園児など、法律に基づいて社会的関係を結ぶ当事者の間で成立する義務であり、これを怠って相手に損害を与えた場合には、企業や学校に賠償責任が生じることになります。

（4）刑事上の責任、行政上の責任

　以上述べたことは、民事上の責任についてですが、そのほか刑事上の責任、行政上の責任を問われることがあります。これらは独立した責任ですから、それぞれについて判断されます。

　まず、幼稚園で園児の事故が起きた場合、教諭、保育士、園長などの保育者個人が刑事上の責任を問われることがあります。園児が死亡したり、ケガをしたときは、刑法の**業務上過失致死傷罪**（211条）が適用される可能性があります。この罪は、業務上必要とされている注意を怠って人を死傷させてしまった場合に適用されるもので、法定刑は、「5年以下の懲役若しくは禁錮又は100万円以下の罰金」と定められています。

　また、園児の事故が幼稚園の設置基準（施設の不備や保育者の数など）に違反していたことによって生じた場合は、認可の取り消しや認可の停止の処分を受けることがあります。これが、行政上の責任です。

２．保育者の勤務と労働問題

（１）労働時間と休憩時間

　労働基準法32条は、使用者は労働者に、休憩時間を除いて１週間について40時間を超えて労働させてはならず、１週間の各日については１日に８時間を超えて労働させてはならない、と定めています。また、休日については、毎週少なくとも１日もしくは４週間で４日の休日を与えなくてはならない、と定めています（３条）。

　さらに、労働時間が６時間を超える場合には少なくとも45分以上、８時間を超える場合には少なくとも１時間以上の休憩時間を与えなければならないとされており、その休憩時間は従業員に自由に利用させなければならない、と定められています（34条）。これらの労働基準は最低のものであり（１条２項）、この基準に達しない労働条件を定める契約は無効であるとされます（13条）。そして、使用者がこれらの規定に違反して労働させた場合には、６ヶ月以下の懲役または30万円以下の罰金が科せられることになっています（119条）。

（２）保育者の勤務と時間外労働

　一般的な事務職の仕事と異なり、保育者・教育者の仕事は勤務時間と休憩時間との区切りが困難になるという側面があります。事務的な職種では、通常は昼食の時に休憩時間を与えるケースが多いのですが、保育者の場合には園児に食事をとらせたり、園児と一緒に教室で食事をとったりすることが多いものです。このような時間は、園の職員、保育者にとっては労働時間であり、休憩時間には入りません。上に見たように、使用者には休憩時間を従業員に自由にとらせる義務がありますが、この点は難しいといわざるをえません。また、幼稚園を運営するについては、入園式や運動会をはじめとする諸行事の準備のために職員を残業させたり、休日に出勤させたりする必要があります。

　このような場合について、労働基準法36条はつぎのように定めています。①労働者の過半数で組織する労働組合がある場合にはその労働組合、②そのような労働組合がない場合には労働者の過半数を代表する者との書面による協定をして、これを管轄する労働基準監督署長に届け出ることによって、その協定に定める範囲内で労働時間を延長したり、休日に労働させることができるとされています。これを「36協定」といい、この協定の範囲内での措置には罰則が適用されないことになっています。

　ただし、学説では、この36協定に加えて労働協約、就業規則などで時間外や休日労働を定める必要がある、とされています。また、36協定に何を定めるかについては労働基準法施行規則16条に細かい規定があります。なお、上の時間外労働については通常の2割5分以上、休日労働については通常の3割5分以上の割増賃金の支払いが義務づけられています。

3．保育所、幼稚園における事故の裁判例

（1）市立保育所の「すべり台」での事故

　市立保育所に通園していた4歳4ヶ月の女の子が、帰宅前に園に設置されていた「すべり台」で遊んでいたところ、肩からかけていたカバンのひもが「すべり台」の手すり部分にひっかかり、窒息死するという事件が起きました。ここでは、①設置されていた「すべり台」に設置または管理の瑕疵(かし)（欠陥）があったか、②保育士に保育上の注意義務違反があったか、が争われました。裁判所は、①については、カバンのひもが肩からずり落ちたり、たるんだりした場合には、手すり上端部にカバンのひもが引っかかり、園児の首がひもで締まるなどの事故が発生しうることは充分予測できるとして、この事件当時の「すべり台」には園児の遊戯具(ゆうぎぐ)として安全性に欠けるところがあり、その設置・管理に瑕疵があったとしました。②については、保育士としては園児がこのような事故に遭遇(そうぐう)することを防止するため、常に園児に対してカバンをかけたまま「すべり台」で遊ぶのは危険であることを教え、このような危険行為をさせないとともに、園内においては園児の行動の監視を怠らず、不幸にして園児が危険行為に出て生命、身体に対する危険が生じた場合は、直ちに救護の措置をとるべき義務があるところ、担当保育士はこの義務を怠った過失があると認められるとし、この過失も本件事故発生の一因であると述べ、市に事故によって生じた損害を賠償する義務がある、としました*。

　　*　松山地判昭和46年8月30日判例時報652号。

（2）保育士引率(いんそつ)中の踏切死亡事故

　私立保育所の保育士が、年長組の園児22人を引率して踏切を横断していたところ、踏切の中央に達する前に警報が鳴り出しましたが、保育士はそのまま踏切を渡ったため、園児らは渡り終えた者と渡り終えていない者とに二分された状態になりました。その

後、踏切の遮断棒（しゃだん）が下り、上り特急電車が通過しましたが、まだ警報は鳴ったままであり、引き続き対向列車が通過することを示していたため、保育士は向かい側の渡り終えていない園児達に対して、「まだよ、まだよ」と大声で言ったが、その直後に遮断棒の隙間（すきま）から6歳の園児（女児）が飛び出して踏切を渡りはじめ、保育士が静止の合図をしたが及ばず、女の子は下り急行電車に腹部をひかれて即死しました。

　裁判では、引率した保育士の注意義務違反が問題となりました。判決は、「無人踏切を渡る場合、園児らが渡り終えた者と、渡り終えていない者とに二分された状態で電車が通過することになると、園児らの一方は保育士のつきそいなしに踏切を横断するのと同様の状態におかれ、まだ渡り終えない園児らが早く渡りたい心理にかられることは見やすい道理であってきわめて危険であるから、保育士としては、園児を二分されることのないよう万全の措置をとるべき義務があるものといわなければならない」としました。そして、保育士は警報が鳴り出した時に直ちに引き返していれば、園児らが二分されることを防止することが十分可能であったにもかかわらず、これを怠ったと述べて、園児の死亡は引率保育士の過失により生じたものと認定しました*。

> * 京都地判昭和46年12月8日判例時報669号。

（3）自由保育中における園児の熱中症死亡

　市立保育所の4歳児クラスの担任保育士2名は、保育所内での自由保育の実施中に、一人の園児（男児）が所在不明であることに気づき、捜索したが見つからず、所内の本棚収納庫で発見されたときには園児は熱中症にかかっており、救急搬送後に死亡するという事件が起きました。裁判では、担任保育士2名の児童動静把握（どうせいはあく）義務違反と捜索活動上の注意義務違反が問題とされました。

　裁判所は、「保育士は、子ども達の命を預かっている以上、保育を行う前提として、その安全を確保することが当然に求められている。そうすると、子ども達の安全を確保し、かつ、上記のような保育を実現するため、保育士は、子どもが、どこで、誰と、どんなことをしているのかを常に把握することが必要不可欠であって、少なくとも自分が担当する子ども達の動静を常に把握する義務を負っているものといわなければならない。特に、本件における○○保育所のように、いわゆる自由保育の時間を取り入れ、児童らが保育所内を自由に動き回って遊んでいるような状態の場合、子ども達の動静を把握することは困難であるから、複数担任制であれば、担任保育士同士で声を掛け合ったり、保育内容が変わらない場合であっても少なくとも30分に1回は人数確認を行うなど

して、子ども一人一人の動静に気を配ることが求められているというべきであり、さらには、担任以外の保育士らにおいても、全ての児童の名前や顔を把握した上で、保育所全体で児童の動静把握と安全確認に努めることが求められているというべきである」と述べました。さらに、担任保育士2名が、「1時間以上もの間、（男児）の動静を把握することを怠ったことは明らかであるところ、…両保育士による1時間以上にわたる動静把握義務の懈怠*は、一般的に保育士に求められるべき注意義務の基準に照らして、子どもの生死に関わる悪質な態様のものといわざるを得ないのであって、重大な過失というべきである」としました**。

* 懈怠とは、「しなければならないことを怠ること」をいい、民法上は過失と同じ意味であるとされます。
** さいたま地判平成21年12月16日判例時報2081号。

第**5**章

日 本 国 憲 法 と 教 育 ・ 保 育 法 規

1．近代憲法の理念

　一般に、近代憲法は２つの構成要素から成り立っています。１つは人権の保障規定、もう１つは統治機構（政治のしくみ）に関する規定がこれです。憲法の存在理由は、国民の権利を国家権力の濫用から守ることと、そのために国家の権力を分立させてその専制を防止することにあります。

　1789年のフランス人権宣言の16条が、「権利の保障が確保されず、権力の分立が定められていないすべての社会は、憲法を有しない。」と述べているのは、近代憲法の基本原理を端的に表現したものといわれます。国の統治権を担う国会、内閣、裁判所をはじめ、国民の権利や自由を制限したり、義務を課したりする公務員は、憲法のワク（枠）の中で行動することが求められます。つまり、公の権力を担当する者は憲法で認められた範囲内で行動することが許され（これを**授権規範**といいます）、公の権力は憲法で保障された国民の権利や自由を侵害することは許されない（これを**権力制限規範**といいます）ことを意味します。

　昔から、「権力は腐敗する。絶対的権力は絶対的に腐敗する」（イギリスのアクトン卿の言葉）といわれるように、権力が集中すると、その権力は腐敗し、独裁化していくことは歴史が証明しています。国民の自由な意見に基づいて政治がおこなわれる民主制を実現するためには、国家の権力である統治権（立法権、行政権、司法権）を分立させて、別々の機関にそれを担当させることが必要不可欠です。つまり、権力を集中させず、分立させて、お互いにバランスをとり、お互いをチェックさせるような政治のしくみを作ることが重要です。

　このような考え方を**立憲主義**と呼びます。多数決で物事を決めていく「民主制の原理」と同時に、**多数決であっても侵してはならない少数の人の人間としての権利・自由**を保障していく「人権保障の原理」を両立させること、これが立憲主義の考え方の基本

です。

2．帝国憲法から日本国憲法へ

（1）大日本帝国憲法の制定

　わが国の憲法の歴史を振り返ると、明治維新のもつ意義は大きいといえます。1867年の大政奉還と王政復古により徳川幕府は消滅し、鎌倉幕府以来およそ700年続いた武家政治は幕を下ろしました。明治元年（1868年）、明治天皇によって発せられた「五箇条の御誓文」は「広ク会議ヲ興シ万機公論ニ決スヘシ」という近代的な民主主義思想に基づくものでした。ヨーロッパ諸国によるアジアの植民地化政策に対抗して、近代国家の建設を急いだわが国は、明治15年、伊藤博文に憲法の起草を命じ、憲法制度の調査のために伊藤をヨーロッパに派遣しました。伊藤らはベルリンでグナイスト、ウィーン大学でシュタインらの学者に師事し、主として南ドイツの諸憲法、プロイセンやベルギーの憲法を学んで帰国しました。

　帰国後、伊藤は井上毅、伊東巳代治、金子堅太郎を起草委員に任命し、精力的に憲法の起草に取り組みました。明治18年に内閣を設置、21年に市町村制と枢密院を設置して憲法の審議をおこないました。このようにして帝国憲法は明治21年、枢密院に諮詢されたあと、翌22年「大日本帝国憲法」として制定発布されました。アジアで初の近代憲法でした。

　憲法1条は「大日本帝国ハ万世一系ノ天皇之ヲ統治ス」と4条「天皇ハ国ノ元首ニシテ統治権ヲ総攬シ此ノ憲法ノ条規ニ依リ之ヲ行フ」とあるように、天皇中心の国柄に基づくものでありましたが、それは絶対主義的な専制君主を定めたものでなく、憲法の規定に従う「立憲君主制」を採用したものでした。また、帝国憲法は権力分立制度を採用し、国民（臣民）の権利の保障も当時の憲法としては充実したものでした。

（2）日本国憲法の制定

ポツダム宣言

　太平洋戦争（大東亜戦争）も終盤に近づいた昭和20年7月、アメリカ、イギリス、中華民国の政府代表は、わが国の戦争終結の条件を意味する「ポツダム宣言」を議定し、わが国にその受諾を迫りました。日本政府の内部では、このポツダム宣言を受諾することが、天皇を中心とするわが国の伝統的な国柄（国体）を護ることと矛盾しないかにつ

いて意見が激しく対立しました。戦況が厳しくなった８月14日、異例でしたが最終的に天皇の聖断によってポツダム宣言の受諾が決まり、翌15日、終戦の玉音放送があり、鈴木貫太郎内閣が総辞職、９月２日、日本と連合国との間に降伏文書が調印され、わが国は連合国の占領下におかれることとなりました。

憲法改正の指示

当時の日本政府は、ポツダム宣言の条項を実施するために帝国憲法の改正が必要であるという明確な認識はなかったのですが、総司令部（GHQ）は憲法の改正は不可欠と考えていました。昭和20年10月４日、総司令部最高司令官マッカーサーは、鈴木内閣の後を受けた 東 久邇宮内閣の国務大臣近衛文麿に憲法改正の必要とその基本方針を指示し、ついで10月９日に成立した幣原内閣の首相幣原喜 重 郎にも憲法改正の指示を出したのです。近衛は恩師佐々木博士の協力を得て精力的に憲法改正草案の作成にとりかかり、同時に政府も**憲法問題調査委員会**を設置して憲法改正の検討を始めました。11月１日、近衛が戦争犯罪人として逮捕される状況になった途端、総司令部の態度が一変し、近衛は憲法改正作業と一切関係ないとされ、12月16日、近衛は服毒自殺し、近衛の改正作業は実際の意味をもつことなく終わります。

政府の憲法問題調査委員会は、当時一流の憲法学者を集め、憲法改正の必要があるか、あるとすればどの点を改正すべきかを審議しました。総司令部は、日本政府の憲法改正作業を見守っていましたが、昭和21年２月１日、毎日新聞がその第１面に「憲法問題調査委員会の試案」をスクープしました。総司令部は早速、新聞に掲載された委員会案を英訳して検討した結果、改正案の内容は本質的に帝国憲法とほとんど変わらず、これを受け入れることはできないと判断しました。この時点で、マッカーサーは日本の憲法改正案を総司令部の民政局で作成させることを決意したのです。

マッカーサー・ノート

２月３日、マッカーサーは民政局長ホイットニーを呼び、改正案の細部は民政局に任せるが、次の事項だけは入れよと述べて、黄色の紙に記したメモを渡しました。これが後にいう「**マッカーサー・ノート**」です。ノートには、憲法改正の基本原則として、次の３点が示されていました。①天皇は国の元首の地位にある。皇位の継 承 は世 襲 である。天皇の義務及び権能は憲法に基づき行使され、憲法の定めるところにより、人民の基本的意思に対し責任を負う。②国家の主権的権利としての戦争を廃棄する。日本は、紛争解決の手段としての戦争、および自己の安全を保持するための手段としての戦争をも放棄する。日本は、その防衛と保護を、今や世界を動かしつつある崇高な理想に委ねる。③日本の封建制度は、廃止される。皇族を除き華族の権利は、現在生存する者一代

以上に及ばない。予算の制度は英国制度に倣（なら）うこと。

2月13日の会談

　2月4日から始まった民政局での極秘の憲法起草作業は、2月10日に終了しました。このような事情をまったく知らない日本政府は、2月8日、委員会の最終案にいくつかの修正を加えた「憲法改正要綱（ようこう）」を総司令部に提出しました。その後、総司令部から日本政府に対して、2月13日に会談したいとの申し入れがあったため、日本政府は8日に提出した「改正要綱」の説明のつもりで、この会談に臨みました。

　ところが、2月13日の会談の冒頭、ホイットニー局長は日本政府案を全面的に否定し、いきなり民政局が作成した英文の憲法草案（**マッカーサー草案**）を示しました。このマッカーサー草案は、日本政府の改正案とはまったく異なり、国民主権、象徴天皇制、戦争放棄、軍備不保持、土地と天然資源の国有、一院制議会の採用などをその内容とするものでした。その後、幣原首相と松本大臣はそれぞれ総司令部を訪ね、改正案について再考を求めましたが、総司令部の態度は強硬で草案の原則は動かせないことが明らかになりました。日本政府は、もはやこの草案を受け入れるほかに道はないとの結論に達し、2月25日の閣議でマッカーサー草案の受け入れを決定しました。政府は、2月26日から草案の対訳に着手し、総司令部との折衝（せっしょう）を経て3月6日、政府が自ら作成した「憲法改正草案要綱」として国民に公表しました。

　このような状況の下、政府は帝国憲法の改正手続に従って憲法改正案を帝国議会に提出、衆議院と貴族院で修正可決され、枢密院の諮詢（すうみついん しじゅん）を経て、11月3日、天皇によって裁可（さいか）され、翌昭和22年5月3日から施行されました。

3．日本国憲法の基本原理

　およそ、すべての憲法はその制定の歴史的・政治的背景から、その憲法を一貫して流れる基本原理をもちます。憲法の各条文は、この基本的な価値原理の具体的な展開として位置づけられます。日本国憲法の基本原理としては、次のものがあげられます。

（1）国民主権主義

　「**主権**」という語*の意味は多義的ですが、国民主権という場合は、「**国の政治の方向を最終的に決定する力または権威が国民にある**」という意味です。前文で、人類普遍の原理であるとされた国民主権主義は、憲法の規定の中で次のように具体化されています。①従来の天皇中心（統治権の総攬（そうらん））主義を改め、国民主権の下に位置づけられる天

皇の象徴的存在を明記しました（1条）。②国民に公務員の選定・罷免に関する固有の権利を保障し（15条）、国民の代表で構成する国会に「国権の最高機関」としての地位を認めました（41条）。③最高裁判所の裁判官に対する国民審査制度を新設し（79条2項）、憲法改正についての国民投票制度を採用しました（96条）。

> ＊　主権という語は3つの意味に用いられます。①領土・人民を管轄する国の統治権の意味、②国の意思の属性としての外に対する独立性・最高性の意味、③国政の方向を最終的に決定する力または権威の意味

（2）基本的人権尊重主義

　基本的人権尊重の原則は、権力分立主義とともに、近代立憲主義憲法の中核をなすものです。日本国憲法は、帝国憲法を一歩進めて、その第3章に詳細な人権保障規定をおいています。そして、これらの基本的人権は、人間が国家以前から認められるものであることを確認しています（97条）。

　この基本的人権の尊重については、①「生命、自由及び幸福追求に対する国民の権利については、公共の福祉に反しない限り、立法その他の国政の上で、最大の尊重を必要とする」（13条）と規定し、②家族生活における個人の尊厳と両性の本質的平等を規定しています（24条）。③さらに、日本国憲法は18・19世紀の憲法が定める自由権だけでなく、20世紀の憲法の課題とされる社会権を保障し（25条から28条）、④裁判所に違憲立法審査権を認めることによって、多数意見によっても侵されない人権の保障を図っています（81条）。

（3）平和主義

　日本国憲法の採用する基本原理のうち、とくに平和主義は世界に例のない最も徹底したものといえます。諸外国の憲法の中にも、平和主義の建前から戦争放棄を定めた例は少なくありませんが、いずれも限定的で条件つきのものでした。日本国憲法のような徹底的な平和主義の採用は、世界の憲法史上に例を見ないものです。

　平和主義の原則は、憲法の条項の中で次のように具体化されています。①戦争や武力の行使を放棄するだけでなく、陸海空軍その他の戦力を保持せず、国の交戦権までを否認しています（9条）。②行政権の最高責任者である内閣総理大臣とその他の国務大臣は文民（軍人でない者）でなければならないと規定しています（66条2項）。③条約と確立された国際法規を誠実に遵守することを規定しています（98条2項）。

　ただし、この徹底した平和主義の原則は、戦後の国際政治の中で動揺してきました。連合国の日本占領が終わり、昭和27年 4 月、わが国が独立を回復すると同時に**日米安保条約**が結ばれ、日本各地にアメリカ軍の基地がおかれるようになり、昭和29年には**自衛隊**が創設され、今日では世界有数の戦力をもつにいたりました。このように、憲法 9 条が掲げる平和主義の理念と現実とのギャップは無視できない段階に来ています。

4．日本国憲法と教育・保育法規

　前に述べたように、わが国のあらゆる法制度は日本国憲法の基本理念に基づいて作られ、憲法の規定に反するような法律や命令、規則は効力のないものとされます。その意味から、保育者の養成や教育・保育制度も、すべて憲法を頂点とする法制度の中に位置づけられています。

（1）幼稚園教諭の養成

　幼稚園教諭の養成の場面を見てみましょう。まず、憲法のレベルでは、人権として**「教育を受ける権利」**が保障されています。憲法26条は「すべて国民は、法律の定めるところにより、その能力に応じて、ひとしく教育を受ける権利を有する」と定めています。

　各個人の人格の形成は、一定の知識と教養を身につけて、それぞれの能力を開花させるプロセスを通じておこなわれますから、教育は個人の人格形成にとって不可欠のものといえます。また、この「教育を受ける権利」の保障には、成長発達の途中にある子どもが生命、身体、健康の面で安全に教育を受ける権利が含まれていると解され、これを保障するために教育関係者は学校の安全を確保するための義務を負っていると考えられています。この安全確保の義務には、学校設備や教職員の勤務条件などの条件整備上の安全義務と、教員の教育権行使に伴う教育専門的な安全配慮義務があります。

　幼児は、心身の発達が未成熟で、危険に対する判断能力や対応能力が不十分であるため、幼稚園とその教職員には、高度の安全確保の義務が課せられているといえます。

　ところで、これらの教育制度は、憲法の理念・精神に基づいて作られます。まず、**教育基本法**は、教育の目標について次のように定めています。「個人の尊厳を重んじ、真理と正義を希求し、公共の精神を尊び、豊かな人間性と創造性を備えた人間の育成を期するとともに、伝統を継承し、新しい文化の創造を目指す教育を推進する」（前文）。さらに、つづけて教育基本法は「我々は、**日本国憲法の精神にのっとり**、我が国の未来

を切り拓く教育の基本を確立し、その振興を図るため、この法律を制定する」（同）と述べています。つまり、わが国が定める幼稚園から、小学校、中学校、高等学校、大学にいたるすべての学校はもちろん、社会教育を含めてあらゆる教育は、それが公立であろうと私立であろうと、すべて「日本国憲法の精神にのっと」っておこなわれることが求められています。

　幼稚園の教育目的について、**学校教育法**22条は、「幼稚園は、義務教育及びその後の教育の基礎を培うものとして、幼児を保育し、幼児の健やかな成長のために適当な環境を与えて、その心身の発達を助長すること」と定めています。さらに、この目的を実現するために具体的な5つの目標を掲げています（23条）。これを受けて、政令として「学校教育法施行令」があり、さらに文部科学省令として「学校教育法施行規則」や「幼稚園設置基準」が定められ、教育の具体的な指針として「幼稚園教育要領」が告示*という形式で定められています。これらの法令の根本理念は教育基本法に基づくものであり、さらにその原点は日本国憲法の理念にあるのです。

> 　*　告示とは、行政機関が一定の事項を広く市民に周知させる行為のうち、法令、条例に基づいて公示するものをいいます。法律、命令などが一定の事項を告示すべきことを定めているのは、その事項が一般市民の利害に関係するため広くこれを一般に周知させることにより、公正な行政を担保しようとするものです。

（2）保育士の養成

　つぎに、保育士の養成の場面を見てみましょう。まず、憲法のレベルでは、「**生存権**」が保障されています。憲法25条1項は「すべて国民は、健康で文化的な最低限度の生活を営む権利を有する」と定め、2項は「国は、すべての生活部面について、社会福祉、社会保障及び公衆衛生の向上及び増進に努めなければならない」と定めています。資本主義経済の発展がもたらした貧富の格差を是正し、経済的弱者を保護することにより、すべての国民が人間的な生活を送ることができることを権利として宣言したのが、生存権（社会権）の規定です。とくに、25条2項は、国に生存権の具体化について努力する義務を課しています。これを受けて、**児童福祉法**などが制定され、**児童福祉施設**として乳児院や**保育所**などの設置が定められています。

　保育所の目的について、児童福祉法39条は、「保育を必要とする乳児・幼児を日々保護者の下から通わせて保育を行うこと」と定めています。その細則を定める政令として「児童福祉法施行令」があり、さらに、厚生労働省令として「児童福祉法施行規則」や

「児童福祉施設の設備及び運営に関する基準」が定められ、これらに基づいて「保育所保育指針」が告示という形式で定められています。これらの法令の根本理念は児童福祉法に基づくものであり、さらにその原点は日本国憲法25条の規定にあります。

　つまり、すべての法律は憲法の精神に基づいて制定され、その意味も日本国憲法がとる立憲主義の考え方に基づいて理解されなければならないのです。

（3）保育者が憲法を学ぶ意味

　幼稚園、小学校、中学校、高等学校の教諭になるためには国家資格が必要です。その細則を定める法律が教育職員免許法です。そこでは、学校の教諭になるためには「日本国憲法」を学習し、その単位を修得することが必要条件とされています。これは形式的な要件といえます。

　しかし、それだけではありません。上に見たように、幼稚園での教育が教育基本法と学校教育法によって定められ、保育所での保育が児童福祉法によって定められ、その教育と保育の根本理念が日本国憲法の精神にある以上、日本国憲法の基本的な考え方を学び、それを教育現場に生かしてこそ本当に実のある教育が実現できるといえます。保育者として、保育や児童心理、発達心理に関する知識、幼児教育の知識と実践活動を学ぶことも重要ですが、日本国憲法の基本原理とその精神を学ぶことは、教諭・保育士としての資質を磨くためにも意味のあることといえるでしょう。

第6章

人権とは何か

1. 人権と基本権の意味

人　権

「人権」という語は、英語の human rights の訳語ですが、日本国憲法の規定の中には、その語は使われていません。憲法には、その11条と97条に「基本的人権」という用語が見られます。学説の多くは、この「基本的人権」と「人権」とをほぼ同じ意味のものとして理解しています。

この「人権」という語は、「憲法の規定によって保障される権利」という意味で用いられるよりも、「人間が人間として本質的に有する国家成立以前の生まれながらの権利」という意味をもちます。この人権思想の芽生えは、1776年6月の**ヴァージニア権利章典**に見ることができます。その1条は「すべての人は、生まれながらに等しく自由で独立しており、一定の生来の権利（inherent rights）を有する」と定めています。また、つづく同年7月4日の**アメリカ独立宣言**の中にも、「すべての人は平等に造られ、創造主によって一定の奪いがたい権利が与えられ、その中に生命、自由および幸福追求が含まれることを自明の真理と信ずる」という一節が見られます。

基本権

憲法を学ぶ上で、「人権」とは異なる意味で「基本権」という語が用いられることがあります。上に見たように、人権が、人間であれば誰でもが生まれながらにもっている権利という意味であるのに対して、基本権とは人間としての個人ではなく、国家の一員としての個人に属する権利であり、国家以前に存在するものではなく、国家が存在して憲法ではじめて保障される権利も含むものとして用いられます。

さきのフランス人権宣言の正式名称は、「**人および市民の権利宣言**」といいます。その名からわかるとおり、フランスでも、すべての人間に保障される「人権」と、人権とは異なる「市民（国民）の権利」とがあることを意味しています。

人権の性質

　さて、ここにいう「人権」は、すべての人間に認められた権利ですから、国籍や肌の色、階級、年齢や性別に関係なく、あらゆる人に保障されるものであり、憲法が作られる前から成立している権利を、憲法がただ「確認」したにすぎないと考えられますから、憲法の規定を改正したり削除したりしても人権は存続すると考えられます。

　ところで、日本国憲法が保障している権利・自由（12条）は、上に見た「人権」と呼ばれる権利のみではありません。日本国憲法は、日本国民であることを前提として、日本国民のみに保障されると考えられる権利のカタログも示しています。この意味からすると、日本国民のみに認められる参政権（選挙権、被選挙権、憲法改正の国民投票権など）や社会権（生活保護の請求権）などは、厳密にいえば「人権」には含まれないことになります。

　このように、学問的に厳密にいえば、人権と基本権とを分けて考えることが重要ですが、多くの教科書では、この両者を分けずに人権という語を用いています。この教科書でも、便宜上、両者を合わせて人権という語を使いますが、具体的な人権問題を考える際には、両者を区別することが大切になってきます。

2．人権の分類と性質

　日本国憲法が保障する人権は、一般的には次のように分類できます。

（1）自由権

　まず、各人が自分の自由な活動を国家（政府）の権力によって制約されない権利を「自由権」といいます。自由権は、独裁政治、専制政治の時代に政府が国民を犠牲にしてきたという歴史の反省に立って、国民が政府の干渉を阻止し、国民各個人が政府からの不利益や弾圧を受けないことを要求する、という性質をもっています。

　自由権は、人権の中でも最も古いもので、政府に何もしないこと（不作為）を求める消極的な種類の権利です。その点で、**「国家（政府）からの自由」**を意味します。自由権は、さらに精神的自由権、身体的自由権および経済的自由権に分けられます。その中の精神的自由権と身体的自由権の大部分は、上に述べた厳密な意味での「人権」にあたり、日本国民に限らず、外国籍の人や難民、亡命者などにも広く保障される権利といえます。

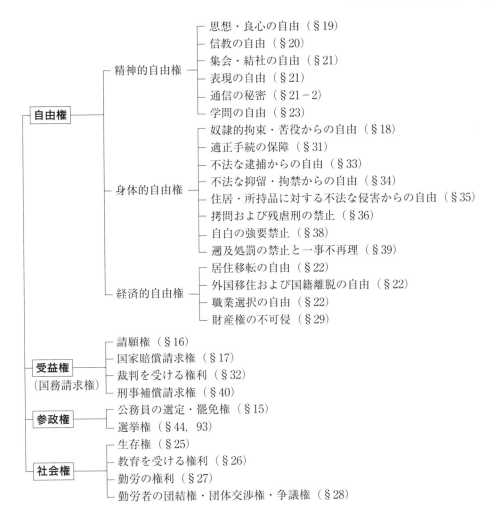

思想・良心の自由（§19）
信教の自由（§20）
集会・結社の自由（§21）
表現の自由（§21）
通信の秘密（§21-2）
学問の自由（§23）

精神的自由権

奴隷的拘束・苦役からの自由（§18）
適正手続の保障（§31）
不法な逮捕からの自由（§33）
不法な抑留・拘禁からの自由（§34）
住居・所持品に対する不法な侵害からの自由（§35）
拷問および残虐刑の禁止（§36）
自白の強要禁止（§38）
遡及処罰の禁止と一事不再理（§39）

身体的自由権

自由権

居住移転の自由（§22）
外国移住および国籍離脱の自由（§22）
職業選択の自由（§22）
財産権の不可侵（§29）

経済的自由権

請願権（§16）
国家賠償請求権（§17）
裁判を受ける権利（§32）
刑事補償請求権（§40）

受益権
（国務請求権）

公務員の選定・罷免権（§15）
選挙権（§44，93）

参政権

生存権（§25）
教育を受ける権利（§26）
勤労の権利（§27）
勤労者の団結権・団体交渉権・争議権（§28）

社会権

（2）受益権

　政府に対して積極的な給付・利益・サービスを求める権利を受益権または**国務請 求権**といいます。言葉を換えれば、受益権は、自由権とは反対に、自分の利益のために政府の作為（行為）を求める積極的な種類の権利を意味します。これは、政府（国）の犠牲において国民が利益を受けるという関係です。請願権、国家賠償請求権、裁判を受ける権利、刑事補償請求権が、これにあたります。

　裁判所の裁判を受ける権利（32条）を例に考えます。自分の権利が侵害されたり、他人に貸した金が返済されないような場合には、裁判所に訴えて判決を出してもらって自分の権利を実現、保護してもらうほかはありません。裁判所に訴えれば必ず裁判に勝てる保障はないけれども、国の裁判所で裁判官が時間と労力と費用をかけて慎重に判断

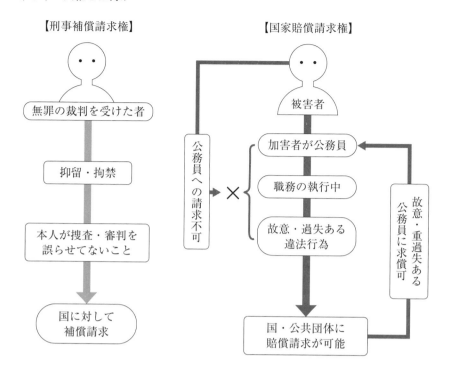

し、公の権威のある判決や決定を示してくれます。これが国から利益を受ける権利という意味です。この受益権を広くとらえると、後に述べる社会権も含まれることになりますが、その成立過程の歴史的・思想的な根拠が異なるという意味で両者は区別されます。

（3）参政権

　国民が直接に、または代表者を通じて間接に、国や地方の政治に参加することができる権利を参政権といいます。この場合は、国と国民とが対立する利益をもつ場合ではありません。憲法15条が「公務員を選定し、及びこれを罷免することは、**国民固有の権利である**」と定めることは、民主政治が国民の意思に由来することを示すものです。国籍をもつ国民は、その所属する国と運命を共にする、いわば「運命共同体の一員」です。その意味から、参政権は一定の年齢、能力、資格をもった国民に与えられる権利であり、外国に国籍がある者には認められないため、上に見た厳密な意味での「人権」には含まれない、と考えられます。

　参政権としては、選挙権、被選挙権、公務員になる権利、最高裁判所裁判官の国民審査権、憲法改正の国民投票権、地方自治特別法に対する住民の同意権など、があります。また、地方自治法では、地方公共団体の長や議員に対する解職請求（リコール）、議会の解散請求や条例の制定・改廃請求などの直接民主制の制度が設けられています。

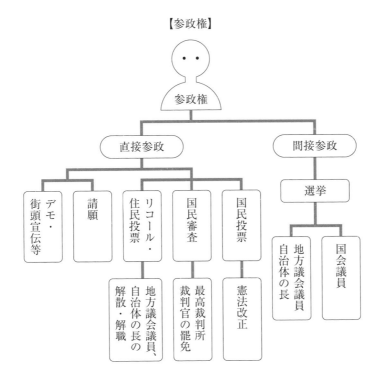

（4）社会権

社会国家の理念

　20世紀における資本主義経済がもたらした弊害を克服するために、社会国家、福祉国家的な立場から保障された権利を社会権といいます。各国に見られた資本主義経済の発展は、国民の間に大きな経済的格差をはじめとする、いろいろな弊害を生み出しました。社会権は、それらの弊害を是正することにより、社会的・経済的弱者（失業者、労働者、高齢者、母子・父子家庭、身体障害者など）に、人間としての生存・生活を確保しようとする理念に基づく権利を指します。

　国民の間に生じた貧富の格差を是正するためには、富裕な階層に対しては、その経済活動を制限し、その利益を政府に供出（きょうしゅつ）させ、その財源を経済的弱者の保護に割り当てる必要があります。このような社会政策によって、富裕な資本家と生活に困窮する労働者の不平等な状態を緩和して、国民の間に実質的な平等を確保し、社会的な弱者に「**健康で文化的な最低限度の生活**」（25条）を保障しなければなりません。このような理念に立つ国を**社会国家**あるいは**福祉国家**といいます。日本国憲法も25条から28条の規定をおき、社会国家の理念に立つことを示しています。

社会権の特色

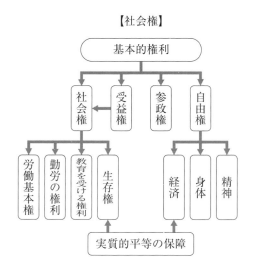

【社会権】

　ところで、この社会権の特色は、上に見た受益権と本質においては共通なものがあります。しかし、受益権の場合には、金持ちも貧乏な人も、ともに裁判所の裁判を受ける権利、請願する権利をもち、経済的格差と無関係に一律に認められるのに対して、社会権の規定は、経済的格差を是正するための**社会的・経済的弱者の受益権**という点にあります。

　また、社会権を実現するためには、政府にかなり大きな財政的負担がかかります。たとえば、すべての生活困窮者に生活保護費を支給することはもちろん、教育を受ける権利（26条）を保障するためには全国各地に学校施設を作り、教員を配置して給料を払うなど、多額の資金を必要とします。したがって、国の財政が豊かであれば社会権の内容も充実するけれども、国が貧しければそれは期待できなくなります。もし、憲法で具体的な詳しい規定を設けると、弾力性を欠いて国の財政が豊かでなければ社会権を満足させることができなくなります。

　このため、憲法では詳しい規定を避けて、その時々の国の財政状況や社会の需要などに対応できるようにしておく必要があります。その結果として、社会権は、憲法の規定のみでは裁判所で保障される具体的な権利として主張することはできず、社会権を具体的な権利として主張するためには、国会が作る法律によって明確な内容が与えられることが必要になります。

3．人権の制約原理

公共の福祉

　憲法が保障する人権は、いうまでもなく、それが絶対無制限に保障されると考えることはできません。憲法13条が「生命、自由及び幸福追求に対する国民の権利については、公共の福祉に反しない限り、立法その他の国政の上で最大の尊重を必要とする」と定めていることからも、**公共の福祉**に反する場合には一定の制限がなされることがわかります。公共の福祉は、公共の利益とでもいうべき概念です。ドイツやフランスでは「公共の秩序」とか「公共の安全」という言葉を使っていますが、わが国でいう「公共の福祉」とほぼ同じ意味で用いられています。

　この「公共の福祉」という語は、憲法12条、13条、22条１項、29条２項の４ヶ所に見られます。12条と13条に見られる公共の福祉は、人権一般の制約の原理を定めるものと理解できるのに対して、22条と29条に見られる公共の福祉は、いずれも経済的自由権に対する制約の根拠として定められています。

公共の福祉の二種

　そこで、多くの学者は、12条と13条にいう公共の福祉の意味については、権利それ自体の中にある制約（内在的制約）であり、22条と29条の経済的自由についての公共の福祉は経済格差を是正するための制約という意味である、と解釈しています。とくに、後者は、上に見た社会権を実現するために、つまり、すべての国民に人間らしい生活・生存を確保するために、経済的に優位に立つ企業や個人の経済活動に一定の歯止めをかける意味があるのだ、と解釈します。これを**社会国家的な公共の福祉**と呼び、前者を**自由国家的な公共の福祉**と呼んで、両者を区別しています。

公共の福祉の意味

　ところで、公共の福祉の意味をめぐっては、学者の間で長い間論争がおこなわれてきました。とくに、上に見たように、12条と13条にいう公共の福祉による権利の制約とは、権利そのものの中にある制約（内在的制約）であるといっても、その意味は不明確のままです。国民の権利や自由は、どのような場合に、どのような理由で制限されるのかという問題は、憲法を学ぶ上で最も重要なテーマの一つです。公共の福祉の意味については、次の３点に分けて考えるべきだと思います。

（1）個人の利益の平等な保護

　本来、権利や自由というものは、他の人間の存在を前提として意味をもつものです。各個人の人権の行使は、当然に他人の人権との相互関係で制約を受けます。

　各個人の権利や自由が平等に保障されることが、すべての人の共通の利益（公の利益）ですから、たとえば、他人の名誉やプライバシーを侵害するような言論、出版、報道の自由は許されません。当然、制約されるべきです。人権は他人の人権や利益を侵害しない限りで保障されると考えるべきでしょう。この意味から、公共の福祉は人権と人権との間での衝突・対立を調整する原理として説明されます。

（2）社会の利益の保護

　人権が制約されるのは、他人の権利や利益を侵害する場合に限られません。各個人の人権が保障されるためには、その属する社会の安全と秩序が保たれていることが前提条件です。社会の共同生活の秩序が維持され、各自が安心して生活できるということは、すべての人の共通の利益です。これこそ「公共の福祉」といえます。

　たとえば、街の美観を保護するために看板の規制をおこなったり、自動車の速度を一定の範囲に制限したり、大気汚染や騒音などの産業公害を防止するために営業の自由を規制することなどは、これに含まれます。また、健全な子ども達を育て、社会道徳を確保するという見地から、青少年に有害なわいせつ文書・写真の販売・陳列を禁止し*、その範囲で表現の自由や営業の自由が制限されることも、この点から説明できます。

> ＊　各地方公共団体が制定している「青少年保護育成条例」の定める有害図書の販売規
> 　制が、表現の自由との関わりで何度か問題となりましたが、いずれも合憲とされてい
> 　ます（たとえば、最大判昭和60.10.23. 最判平成元.9.19）。

（3）国家の利益の保護

　私達は、他人の権利に対する侵害行為を禁止し、すべての人の生活の安全を保持するために国家という団体を組織して、その団体の力によって社会の秩序を維持しています。そうである以上、国（政府）の活動機能が正常に運営され、憲法の秩序が保たれていることは、国家が存在していくための前提条件です。

　この意味から、政府の正常な行政機能、国会と裁判所の正常な機能が確保されることは、公の利益つまり「公共の福祉」に含まれます。選挙の公正をゆがめるような選挙運

動が禁止され、憲法の秩序を破壊しようとする暴動が内乱罪として処罰され、国の正常な機能を害する公務執行妨害罪が単なる暴行罪や脅^{きょうはく}迫罪よりも重く処罰されるのは、いずれも国（政府）の利益を保護するためであると考えるほかはありません*。もし、かりに個人の人権が常に国（政府）の利益に優先するとすれば、これらの規制や制限は、すべて憲法に違反するということになってしまいます。

> *　普通の暴行罪（刑法208条）、脅迫罪（222条）の法定刑は2年以下の懲役または30万円以下の罰金であるのに対して、公務員が職務を執行しているときに、これに暴行・脅迫を加えた者は公務執行妨害罪として3年以下の懲役または50万円以下の罰金に処せられます（刑法95条）。

第7章

外国人の人権

1. 性質説と文言説

　日本国憲法で保障される人権が、国家以前、憲法以前に認められる性格をもつとされることから、それらの人権は日本国民だけでなく、日本国籍のない外国人に対しても保障されると解釈されます。そうはいっても、すべての権利が日本国民と外国人とで全く同じように保障されると考えることには無理があります。つまり、人間であれば誰でもが生まれながらにもっている権利という厳密な意味での人権は、外国人や不法入国者にも保障されるけれども、日本国民という身分を前提にする権利は当然に保障されるというわけではありません。

　日本国憲法の個々の人権規定には、主語を「何人も」とするものと「国民は」とするものとがあります。これらの文言に注目して、「何人も」を主語とする条項は外国人にも適用されるとする説（**文言説**）がありますが、正しい解釈だとはいえません。22条2項は「何人も、…国籍を離脱する自由を侵されない」と定めていますが、この規定の意味は、日本の国民が日本の国籍を離れる自由が保障されるという意味ですから、日本国憲法が権利の主語を正しく使い分けているとは考えられません。その意味から、多くの学説は主語の差異には一応は注意しますが、権利の性質に応じて、その権利が外国人にも保障されるものかどうかを決めるべきだ、と解釈しています（**性質説**）。

　その意味からすると、国民という身分に関係なく、人間であることによって当然保障されるべき性質の人権については、外国人にもその保障が及ぶと考えられます。具体的には、思想・良心の自由（19条）、信教の自由（20条）、学問の自由（23条）、奴隷的拘束および苦役からの自由（18条）、婚姻の自由（24条）など、があげられます。

　これに対して、国民としての身分を有することを前提とする権利・自由については、外国人には国民と同じようには保障されないと考えられます。具体的には、入国の自由、日本に滞在・居住する権利、国籍離脱の自由は認められず、参政権（選挙権、被選

挙権）、公務員になる権利、政治活動をはじめとする政治的意見表明の自由、経済的自由、社会権（生存権、教育を受ける権利）については、一定の制約が認められます。

2．政治活動の自由と参政権

外国人の政治活動の自由はどこまで保障されるかについては、最高裁の判例があります。英語の教師として在留（ざいりゅう）期間を1年と定められて日本に入国したアメリカ国籍の青年が、滞在中に日本政府や日本の法律制度を批判する政治活動をおこなったことが、在留期間の延長の申請の際に不利益な資料とされ不許可処分を受けたことは、外国人の政治活動の自由を侵害することになるかが争われた事件がこれです。

これについて最高裁は、「外国人は、わが国に**入国する自由**を保障されているものでないことはもちろん、…**在留の権利**ないし引き続き在留することを要求しうる権利を保障されているものでもない」としました。つづけて、基本的人権の保障は、「権利の性質上日本国民のみをその対象としていると解されるものを除き、わが国に在留する外国人に対しても等しく及ぶものと解すべきであり、政治活動の自由についても、**わが国の政治的意思決定又はその実施に影響を及ぼす活動等**外国人の地位にかんがみこれを認めることが相当でないと解されるものを除き、その保障が及ぶ」と述べました*。

> ＊　マクリーン事件・最大判昭和53.10.4.判例時報903号3頁。

つまり、外国人にも政治活動の自由は認められるが、わが国の政治的な意思決定（たとえば、日本の外交政策の決定や法律の制定・改正）は、**国民主権の原理**＊＊から日本の国民が決定するものだから、それに影響を及ぼすような活動は外国人には保障されない、ということです。

> ＊＊　国民主権とは、国の政治の方向を最終的に決定できる力または権威が国民にあるという原理を意味します。また、国民主権の原理は、わが国の統治（とうち）作用が主権者である日本国民によっておこなわれることも要請します。言葉を換えれば、治める者（治者）と治められる者（被治者）との同一ということを意味します。

外国人の参政権、とくに選挙権については、国政選挙（衆議院と参議院議員選挙）は国民主権の原理から外国籍の者には認められないのは当然です。しかし、地方公共団体（都道府県・市町村）の選挙権については、わが国に永住資格を認められた在日外国人に認められるかに関しては、学説の間で争いがありました。これを認めることは憲法上許

されないとする禁止説、憲法は禁止しておらず外国人に選挙権を与えるかどうかは、法律に委されているとする許容説、これを認めないことは憲法に違反するとする要請説の対立がこれです。

外国人地方選挙権事件

日本で生まれ育った永住資格をもつ在日韓国人が、**地方選挙権**があるとして訴えた事件について、最高裁は次のような判決を示しました。「公務員を選定罷免する権利の保障が我が国に在留する外国人に対しても及ぶものと解すべきか否かについて考えると、憲法の右規定は、国民主権の原理に基づき、公務員の終局的任免権が国民に存することを表明したものにほかならない…そうとすれば、公務員を選定罷免する権利（は）権利の性質上日本国民のみをその対象とし、…外国人には及ばない」。「憲法93条2項にいう『住民』とは、地方公共団体の区域内に住所を有する日本国民を意味するもの」であり、この規定は「我が国に在留する外国人に対して、地方公共団体の長、その議会の議員等の選挙の権利を保障したものということはできない」。

このように述べて、最高裁は外国人には地方の選挙権は憲法上保障されないとした後で、次のように述べています。「民主主義社会における地方自治の重要性に鑑み」、「在留する外国人のうちでも永住者等であってその居住する区域の地方公共団体と特段に緊密な関係を持つに至ったと認められるものについて、…法律をもって、地方公共団体の長、その議会の議員等に対する**選挙権を付与する措置を講ずることは、憲法上禁止されているものではない***」。

*　最判平成7.2.28.判例時報1523号49頁。

ところで、上に見たマクリーン事件最高裁判決が、「わが国の政治的意思決定又はその実施に影響を及ぼす活動等外国人の地位にかんがみこれを認めることが相当でないと解されるものを除き、その保障が及ぶ」としていたことを思うと、この地方選挙権についての最高裁判決は一見矛盾しているように見えます。なぜなら、選挙権を行使するということは、どのような場合でも、わが国の政治的意思決定に大きな影響を及ぼす行為にほかならないからです。

3．公務員になる権利

当然の法理

公務員になる権利（公務 就 任権）については、「法の明文の規定が存在するわけではないが、公務員に関する**当然の法理**として、公権力の行使または国家意思の形成への参画にたずさわる公務員となるためには、日本国籍を必要とする」という内閣法制局の見解があります（昭和28.3.25）。この基本的な考え方は、その後「公務員に関する基本原則」という言葉になって、今日まで踏襲されています。

公務員

ひとことで公務員といっても、その職務の内容によってさまざまです。まず、（1）国の統治作用である立法、行政、司法の権限を直接行使する公務員（たとえば、国会議員、内閣総理大臣その他の国務大臣、検察官、裁判官など）、（2）公権力を行使し、または公の意思の形成に参画することによって間接的に国の統治作用にかかわる公務員、（3）上司の命令を受けておこなう補佐的・補助的な事務、または学術的、技術的な専門分野の事務に従事する公務員、に分けられます。

このうち、（3）については外国人が就任しても、国民主権の原理に反するおそれはほとんどないといえます。逆に、（1）の職に外国人が就くことは国民主権原理に反し、憲法上許されないことは明らかです。問題となるのは（2）の公務員ということになります。

現在、外務公務員（大使、公使をはじめ外務省に勤める外交官）は、法律で日本国籍をもたない者の就任を認めていません（外務公務員法7条）。国家公務員については、受験資格を定める規則（人事院規則8-18）に国籍条項を設けていて、外国人の採用を制限しています。地方公務員についても、国籍条項をおく自治体が多かったのですが、平成9年頃から、川崎市、高知県、神奈川県、大阪市、横浜市、神戸市などにおいて、一般事務職員の採用試験の受験資格から国籍条項が削除されました。その傾向は広がりを見せ、平成17年には11府県が国籍条項を撤廃しました。

公立の幼稚園、小中高校の教諭

これまで、公立の幼稚園、小中高校の教諭については、上の当然の法理（公務員に関する基本原則）に基づいて、採用試験に国籍条項が見られましたが、平成3年に文部省の通達があり、日本国籍をもたない者にも採用試験の受験資格を認め、合格者は「**任用の期限を附さない常勤講師**」として採用されることになりました。

　ここにいう常勤講師は、普通免許状を有しており、授業の実施など児童・生徒に対する教育指導面においては教諭とほぼ同等の役割を担うものですが、校長のおこなう校務の運営に関しては、常に教務主任や学年主任などの指導・助言を受けながら補助的に関与するにとどまるものであり、**校務の運営に「参画」する職**ではないとされています。

　つまり、常勤講師は上に見た「公務員に関する当然の法理」が適用されない職とされるのです。また、常勤講師が学級担任や教科の担任となることなどは問題ないのですが、主任にあてることはできないとされています（学校教育法施行規則22条の3第2項）。

東京都保健師事件

　ところで、永住資格をもつ韓国籍の女性が東京都の保健師として採用され勤務していましたが、課長級の管理職の選考試験の受験をしようとしたところ、日本国籍でないという理由で受験を拒否されました。このため、受験を拒否されたことに伴う慰謝料請求と受験資格の確認を求めて裁判を起こしました。

　裁判では、外国人に管理職への昇任試験の受験を認めないことが、憲法14条の平等原則に違反するかが争われました。最高裁は、地方公務員の職には「住民の権利義務を直接形成し、その範囲を確定するなどの公権力の行使に当たる行為を行い、若しくは普通地方公共団体の重要な施策に関する決定を行い、又はこれに参画することを職務とするもの（**公権力行使等地方公務員**）があり、これについては国民主権原理に基づき、原則として日本国籍を有する者が就任することが想定されている」として、その意味から、「日本国民である職員に限って管理職に昇任することができることとする措置を執ること」は憲法14条に違反するものでない、と判示しました*。

　　*　最大判平成17.1.26.判例時報1885号3頁。

4．社会保障についての諸権利、その他

　社会権については、外国人の所属する国（政府）が責任を負うべき性質のものとされ、これまでは日本国憲法25条以下の社会権は外国人には適用されない、と解釈されてきました。けれども、1976年に締結された「**国際人権Ａ規約**」（経済的、社会的及び文化的権利に関する国際条約）の2条が、「内外人平等待遇の原則」を定めていることから、最近は、一定の条件の下に外国人に社会権の保障を及ぼす傾向にあります。

　一般に、教育を受ける権利（26条）、労働基本権（28条）は外国人にも平等に保障されますが、勤労の権利（27条）や生存権（25条）については、一般の外国人と定住外国人

との間で保障の程度が異なるとされています。

塩見訴訟
(しおみ)

　外国人の社会権保障については、塩見訴訟が知られています。1934年に在日朝鮮人を父母として大阪市で生まれた韓国籍の女性は、子どもの頃に「はしか」に感染して失明し、その後、日本人の男性と結婚して日本国籍を取得しました。本人は障害福祉年金の申請をしたところ、国民年金法には国籍条項があり、障害が認められた時に日本国民であることが年金受給の要件とされていたため申請が却下されました。このように年金受給資格に国籍要件を定めている国民年金法は、憲法13条、14条、25条に違反するとして訴えた事件がこれです。これに対して、最高裁は次のように述べました。

　「社会保障上の施策において在留外国人をどのように処遇するかについては、国は、特別の条約の存しない限り、…その限られた財源の下で福祉的給付を行うに当たり、**自国民を在留外国人より優先的に扱うことも、許される**べきことと解される*」。

> *　最判平成1.3.2. 判例時報1363号68頁。

　つまり、各種の年金や手当など社会保障の給付については、国民に対しても誰に何をどの程度支給するかは、その時の国の財政事情を考えながら国会・内閣の福祉政策によって決められ、裁判所の判断は原則的に及ばない。まして、外国人に対しては、どの範囲で認め、どの手当をどの程度支給するかは国会の判断に委ねられるとしたのです。

　このほか、外国人の経済的自由についても、合理的な理由があれば制約できると解釈されています。とくに、国家的な利益を確保する必要のある職業については、外国人の職業選択の自由は制限されます。たとえば、電波法 5 条、銀行法47条、鉱業法17条、船舶法47条、弁理士法 2 条、公証人法12条などは、外国人の活動に一定の制限を認めています。また、外国人による日本の土地の取得については、相互主義**を条件として制限することが定められています。

> **　相互主義とは、外国人に権利を認める場合に、その本国が自国民に同様の権利を認めていることを条件とする主義をいいます。

第**8**章

子ども、未成年者の人権

1．子ども、未成年者の人権保障とその制約

憲法と未成年

　国民が人権の主体であることは、いうまでもありません。日本国憲法の第3章の標題は「国民の権利及び義務」となっており、この「国民」の中に子どもをはじめとする未成年者が含まれることにも問題はありません。しかし、未成年者は成人と異なり、成熟した判断能力と理解能力をもっていないから、その範囲内で人権について一定の制約を受けるというのが通説です。

　日本国憲法が、明文で未成年者の人権を制限しているのは、「公務員の選挙については、成年者による普通選挙を保障する」（憲法15条3項）と定めている選挙権だけです。一般の法律による未成年者の人権の制限には、次のようなものがあります。

民法と未成年

　まず、（1）民法では、これまで成年となる年齢が20歳であったのを改正して、令和4年4月からは18歳をもって成年とすることになりました（4条）。

　（2）婚姻（結婚）の自由について、これまで「男は、満18歳に、女は、16歳にならなければ、婚姻をすることができない」（731条）とされていましたが、この規定も改正され、令和4年4月からは、「婚姻は、18歳にならなければ、することができない」となりました。

　（3）財産の処理については、**意思能力**（いしのうりょく）が問題となります。意思能力とは、自分の行為の法的な結果を認識・判断することができる能力をいいます。一般には、10歳未満の幼児や泥酔者などは意思能力がないとされます。意思能力のない者がした行為は無効とされます。未成年者で意思能力のない場合には、法定代理人（親権者・後見人）によって代理され（824条）、意思能力のある場合には法定代理人の同意によりはじめて有効な行為をすることができます（5条）。同意なくなされた行為は、取り消すことができま

す（同2項）。

その他の制約

（4）裁判を受ける権利については、未成年者は当事者となる資格（当事者能力）はありますが、訴訟能力は否定されており、法定代理人によらなければ訴訟をすることはできないとされています（民事訴訟法31条）。

（5）職業選択の自由については、医師、薬剤師、公認会計士、税理士、弁理士などの職業は、成年者であることが資格要件とされています。

（6）そのほか、喫煙や飲酒の自由については、未成年者喫煙禁止法、未成年者飲酒禁止法によって未成年者に禁止していますし、公職選挙法は18歳未満の者の選挙運動を禁止しています（137条の2）。

　上に見たように、子ども、未成年者も一人の人間として人権の主体であることは疑いがありません。けれども、人権の中には成熟した知的能力をもった人間を前提としているものがあり、それを備えていない人間に対しては、多かれ少なかれ一定の制約を課すことが認められることがあります。たとえば、参政権や政治的行為の自由、財産権などはこれに含まれるといえます。まだ、判断能力や自己を抑制する能力の強くない子ども、未成年者を社会の害毒から守ることは、一定の範囲で認められるべきでしょう。これについて、有力な学説は、「限定されたパターナリズム（paternalism）による制約」をあげます。

2．パターナリズム（paternalism）による制約

社会風土とパターナリズム

　一般に、パターナリズムは「**父親的温情主義**」などと訳されます。その意味は、ラテン語の pater（パテル＝父）が、その保護する子どもの利益のために、よかれと思って介入・干渉することをいいます。たとえば、判断能力の未熟な子どもの進路を親が決めてあげるようなことがこれにあたります。それは、当然、保護される側の自己決定権との間で問題となります。

　このパターナリズムの問題は、親子の関係にとどまらず、広くいろいろな分野で議論になります。政府と国民との関係、先進国と発展途上国との関係はもちろん、医師と患者の関係、企業と労働者の関係、学校と生徒との関係などで問題とされます。政府・議会が国民を保護するという意図で「賭博」を禁止したり、オートバイや自動車の運転者にヘルメットやシートベルトの着用を義務づけたり、勤続年数で昇進や給与が決まる年

功序列制度の企業などは、パターナリズム的思考の表れといえます。単一民族の島国で農耕社会から発展してきたわが国の場合などは、パターナリズムに親しみやすい社会風土があるように思われます。

自己決定権とパターナリズム

ところで、自己決定権を広く認める立場からは、政府、親などの強い立場にある者の介入・干渉が批判されますが、一概にそうとはいえない面があります。たとえば、政府（国家）は国民の生命や財産を保護する責務があり、医師は患者の救命と治療を使命としていますから、それが過度に個人の自主的な決定を損なわない限り、すべてが許されないものだとはいえません。問題となるのは、それによって制約される行為の性質によります。

パターナリズムによる制約が許されるかどうかは、制約される者の年齢と精神的成熟の程度、制約される行為が本人の自律にとってどの程度重要であるか、年齢によって画一的に判断するべきか個別的に判断すべきか、家族による教育に委ねておく余地があるかどうか、ほかにより緩やかな制約の手段があるか、などの点を考慮すべきものと考えられます。

子ども、未成年者に関する場合、成熟した判断能力を欠く行為の結果、長い目で見て本人の人格形成に取りかえしがつかないようなマイナスをもたらす場合には、制約は正当なものとして認められることになります。最近、急増している幼児虐待事件などは、政府や自治体による介入の必要性を痛感させるものです。

3．子どもの権利条約

子どもの権利条約は、1989年（平成元年）11月の国連総会で採択され、1990年9月に効力が生じました。日本もこの条約に署名し、その後1994年（平成6年）に批准書が国連事務総長に寄託され158番目の締約国になりました。政府の訳では「児童の権利に関する条約」とされています。

条約は、まず、「子どもとは、18歳未満のすべての者をいう」と定義して、一般原則として、（1）差別の禁止（2条）、（2）生命に対する権利、生存・発達の確保（6条）、（3）子どもの意見の尊重（12条）をあげています。とくに注目されるのは「子どもの最善の利益」というキーワードです。この語は、1959年の「国連・子どもの権利宣言」で初めて登場したものですが、条約3条は「子どもに関するすべての措置をとるに当たっては、公的もしくは私的な社会福祉施設、裁判所、行政当局または立法機関のい

ずれによって行われるものであっても、子どもの最善の利益が主として考慮されるものとする」と定めています。

子どもの最善の利益

この「子どもの最善の利益」（the best interests of the child）という語は、父母からの分離の禁止（9条）、親の第一次的養育責任に対する援助（18条）、家族環境を奪われた子どものケア（20条）、養子縁組の制度（21条）、拷問と死刑の禁止、自由を奪われた子どもの取り扱い（37条）、訴追された子どもの司法手続（40条）にも見られます。上に見た3条の規定は、条約全体に及ぶ総則的な規定ですから、子どもの権利条約を締結した国のすべての公的活動における**行為基準**となることを意味します。

具体的には、国会での法律の制定、行政機関や社会福祉施設の活動や決定の判断基準、裁判所の審査基準となるという意味です。つまり、すべての公的な活動の内容は、それが子どもの権利を保障する場合であれ、権利を制限する場合であれ、「子どもの最善の利益」に合致することが求められるということです。

9条は、父母の意思に反する親と子の分離の禁止を定めていますが、例外として、裁判所の審査に服する条件の下で、権限のある機関が、親子の分離が「子どもの最善の利益」のために必要と決定した場合には、分離が認められると定めています。18条は、子どもの養育責任が父母にあること、子どもの養育に対する第一次的責任が親・法定保護者にあり、「子どもの最善の利益」がその指導原理であることを定めています。20条は、家庭環境を奪われた子どもや、「子どもの最善の利益」を考えれば、その家庭環境にとどまることが適切でないと判断された子どもが、国が与える特別の保護（里親への委託、養子縁組、養護施設への入所）を受ける権利を定めています。

条約の特徴

子どもの権利条約の特徴は、次の点にあります。

まず、（1）子どもは成人と同じように独立した人格の主体であることを前提にしている点です。そもそも、人権は人間が人間である以上、生まれながらにもっている権利ですから、年齢とは無関係に認められるべきものです。この意味から、条約では子どもが**人権の主体**であることを認め、表現の自由（13条）、思想・良心、宗教の自由（14条）、集会・結社の自由（15条）、プライバシー・名誉の保護（16条）などを保障しています。

子どもの発達

（2）条約は、「子どもの発達」という概念を重視しています。前文では、「子どもが、その人格の完全なかつ調和のとれた発達のため、家庭環境の下で幸福、愛情及び理解のある雰囲気の中で成長すべきであることを認め」と定め、27条でも「身体的、精神

的、道徳的及び社会的な発達のための相当な生活水準についてのすべての子どもの権利を認める」と定めています。つまり、条約は、子どもを未成熟・依存から成熟・自立への成長過程にある者としてとらえ、成人とは異なった取り扱いを認めています。その際の取り扱いの差異の根拠は「子どもの最善の利益」であり、具体的には子どもの成熟・自立への成長過程の保障ということです。

意見表明権

（3）条約は、子どもの意見表明権を重視しています。12条は「自己の意見を形成する能力のある子ども」が、自分に「影響を及ぼすすべての事項について自由に自己の意見を表明する権利を確保する。この場合において、子どもの意見は、その子どもの年齢及び成熟度に従って相応に考慮されるものとする」と定めています。この意見表明権は、いうまでもなく表現の自由に含まれるものですが、子どもが発展途上にあるということから、子ども特有の権利として位置づけられているといえます。これを定めた意味は、子どもが自分に関係する事柄の決定過程へ参加する権利として、何が自分にとっての最善の利益かを決める際の手続的な権利として重視している点にあるといえます。

4．親の教育権と児童福祉法の改正

父母の親権（しんけん）

　子どもに対する親の教育権は、民法の親権に基づくものとされています。まず、民法818条1項は「成年に達しない子は、父母の親権に服する」と定め、その親権の内容について、民法820条は「親権を行う者は、子の利益のために子の監護及び教育をする権利を有し、義務を負う」と定めています。民法は、子の監護の具体的内容として居所指定権、懲戒権（ちょうかい）、職業許可権を定め、さらに財産管理権を定めていました。ところが、懲戒権については以前から児童虐待の口実に利用されているという批判があり、令和4年の民法改正により削除されました。かわりに、次のような規定が設けられました。「親権を行う者は、前条の規定による監護及び教育をするに当たっては、子の人格を尊重するとともに、その年齢及び発達の程度に配慮しなければならず、かつ、体罰その他の子の心身の健全な発達に有害な影響を及ぼす言動をしてはならない」（821条）。

　親権の背景には、長い歴史をもつ家父長制（かふちょうせい）の下で家の財産と家族の身体に対する家長の支配権がありました。それが社会の近代化に伴って変化し、父権から父母の共同親権へと移り、子どもの権利の尊重という視点から、親権は義務的・受託的（じゅたく）な性格が強調されるようになりました。この親権のとらえ方の変化は、子どもが親権者の付属物では

なく、独立した権利の主体であるという認識が広く受け入れられてきた結果である、といえます。

このような親権のとらえ方の変化は、上に見た「子どもの権利条約」の理念と結びついて、親権を確保するための各種法律の制定や、それを維持し運用する行政機関、福祉機関、さらには裁判官に対しても、条約のキーワードである「子どもの最善の利益」が判断・決定・解釈の基準になるといえます。

児童福祉法

これを受けて、平成30年に改正された**児童福祉法**1条は、「全て児童は、児童の権利に関する条約の精神にのつとり、適切に養育されること、その生活を保障されること、愛され、保護されること、その心身の健やかな成長及び発達並びにその自立が図られることその他の福祉を等しく保障される権利を有する」と定めています。

また、2条1項は「全て国民は、児童が良好な環境において生まれ、かつ、社会のあらゆる分野において、児童の年齢及び発達の程度に応じて、その意見が尊重され、その最善の利益が優先して考慮され、心身ともに健やかに育成されるよう努めなければならない」と定めています。

さらに、2項は、「児童の保護者は、児童を心身ともに健やかに育成することについて第一義的責任を負う」とし、3項は、「国及び地方公共団体は、児童の保護者とともに、児童を心身ともに健やかに育成する責任を負う」としています。これで明らかなように、子どもの権利条約の考え方は国内法のレベルに生かされているといえます。

なお、上に見た令和4年の民法改正（懲戒権の削除）を受けて、33条の2は次のように改正されました。「児童相談所長は、一時保護が行われた児童で親権を行う者又は未成年後見人のあるものについても、監護及び教育に関し、その児童の福祉のため必要な措置をとることができる。この場合において、児童相談所長は、児童の人格を尊重するとともに、その年齢及び発達の程度に配慮しなければならず、かつ、体罰その他の児童の心身の健全な発達に有害な影響を及ぼす言動をしてはならない」。

これにあわせて、児童虐待防止法14条も「児童の親権を行う者は、児童のしつけに際して、児童の人格を尊重するとともに、その年齢及び発達の程度に配慮しなければならず、かつ、体罰その他の児童の心身の健全な発達に有害な影響を及ぼす言動をしてはならない」と改正されました。

5．児童虐待防止法と保育者

児童虐待の意味

　児童虐待の件数は、毎年増加傾向にあります。

　厚生労働省の統計によれば、平成22年度の児童相談所での児童虐待相談対応件数は5万6千件であったのが、10年後の令和2年度には20万件を超え、その後も増加の傾向にあります。

　平成12年に制定された**児童虐待防止法**（児童虐待の防止等に関する法律）は、児童虐待の意味について次のように定義しています。

　まず、児童虐待とは、保護者（親権を行う者、未成年後見人その他の者で、児童を現に監護するものをいう。）がその監護する児童（18歳に満たない者をいう。）について行う次に掲げる行為をいう、とされています（2条）。

　そして、次に掲げる行為として、1号から4号までの行為を定めています。

　一　児童の身体に外傷が生じ、又は生じるおそれのある暴行を加えること。

　二　児童にわいせつな行為をすること又は児童をしてわいせつな行為をさせること。

　三　児童の心身の正常な発達を妨げるような著しい減食又は長時間の放置、保護者以外の同居人による前二号又は次号に掲げる行為と同様の行為の放置その他の保護者としての監護を著しく怠ること。

　四　児童に対する著しい暴言又は著しく拒絶的な対応、児童が同居する家庭における配偶者に対する暴力（配偶者（婚姻の届出をしていないが、事実上婚姻関係と同様の事情にある者を含む。）の身体に対する不法な攻撃であって生命又は身体に危害を及ぼすもの及びこれに準ずる心身に有害な影響を及ぼす言動をいう。）その他の児童に著しい心理的外傷を与える言動を行うこと。

　一の行為は「**身体的虐待**」、二の行為は「**性的虐待**」、三は「**育児放棄（ネグレクト）**」、四の行為は「**心理的虐待**」といわれます。

　たとえば、親が子どもを家に残して長時間外出すること、子どもに十分な食事を与えないこと、長期間外出を禁止して家に閉じ込めること、病気になっても病院で受診させないこと、衣服を着替えさせなかったり子どもの情緒的な欲求に応えないこと、他のことに熱中して子どもを自動車内に放置することなどは、いずれも三の「育児放棄」に含まれます。上にいう「監護」とは、監督し保護することを意味します。言葉を換えれ

ば、保護者として子どもを見守り、いたわり、保護して育てることをいいます。

　また、大きな声や威圧的な言葉で子どもを恐怖に陥れたり、自尊心を傷つける言葉を繰り返すこと、極端に兄弟差別をしたり、子どもがDVを目撃することは、四の「心理的虐待」にあたります。

児童虐待への対応

　児童虐待防止法6条1項は、「児童虐待を受けたと思われる児童を発見した者は、速やかに、これを市町村、都道府県の設置する福祉事務所若しくは児童相談所…に通告しなければならない」と規定しています。

　この規定は、児童虐待を受けたと思われる子どもを発見した者に対して、福祉事務所や児童相談所に通告する義務を定めるものですが、注意すべき点が2つあります。1つは、「児童虐待を受けたと思われる児童を発見した者」とする点であり、2つめは「通告しなければならない」とする点です。

　この規定は、「虐待を受けた児童」ではなく「虐待を受けたと思われる児童」と定めています。この意味は、明確に児童虐待を受けたという確実な証拠や証言がなくても、虐待の可能性や疑いがあるというだけで通告してもよいという意味です。通告したあとに調べた結果、虐待ではなかったことになっても問題としないという意味です。この規定の趣旨は、児童虐待に対しては社会全体で監視して、できる限り早く児童を保護することを重視することにあります。

　さらに、発見者は「通告しなければならない」と定めていますが、この意味は児童虐待を発見した者の通告は国民の義務だということです。ところが、通告しようとする者が自分の通告が保護者に知られるのではないかという不安を抱くことが考えられます。この点について、厚生労働省は「児童相談所全国共通ダイヤルについて」という文書で、「通告・相談は匿名でも行うことができ、通告・相談した人、その内容に関する秘密は守られます」と述べています。通告者の匿名性とプライバシーの保護は、この通告制度を支える重要な要素だと思われます。

児童虐待と保育者の役割

　虐待を受けた児童のサインは、集団生活の場や近隣・地域の会合、健康診断の機会などで発見されるケースが少なくありません。

　集団生活の場としては、保育園、幼稚園、小学校、中学校、児童館、学童クラブなどで発見されることが多く、近隣・地域の場としては町内会・自治会、保健所などがあ

り、健康診断の場としては保健センター、病院、保育園、幼稚園、学校などがあります。

　この意味から、保育士、幼稚園の教諭の場合には、自分の職場で児童虐待を受けていると思われる子どもが発見される機会が多いと言えます。

　以下に、児童虐待を見極めるためのチェックポイントの一部を紹介します（詳しくは厚生労働省 HP「子ども虐待対応の手引き（平成25年 8 月改訂版）」や各都道府県 HP の児童虐待対応等参照）。

　1．子どもの様子に関して
　　（1）身体に関すること
　　　　①骨折、あざ、火傷などを繰り返す
　　　　②性器に外傷がある
　　　　③外傷に対する説明が不自然であったり、説明を嫌がる
　　　　④全身に湿疹、かぶれがある
　　　　⑤だるさや不調を大げさに訴え、手当をしつこく求める
　　（2）生活に関すること
　　　　①衣服や身体が不潔である
　　　　②給食やおやつの早食いが見られる
　　　　③昼寝時に過度の緊張、興奮が見られる
　　　　④食事への極端な執着がある
　　（3）行動・態度に関すること
　　　　①警戒心が強く集団に入れない
　　　　②年齢不相応な性的言葉や性的行動が見られる
　　　　③人や生き物に対して攻撃的・残忍な態度をとる
　　　　④自分や他人の性器に異常な関心を持つ
　　　　⑤先生への独占欲が強く、試し行為を繰り返し行う
　　（4）親との関係に関すること
　　　　①親を過度に怖がり、萎縮している
　　　　②親がいると安心して遊べなくなる
　　　　③親と平気で離れる、誰にでもまとわりついてあまえる
　2．親の様子について
　　　　①理由をつけて保育園・幼稚園行事を欠席することが多い

②保育園・幼稚園への送迎時間が不安定で、連絡がつかないことがよくある

③子どもへの攻撃的、脅迫的な態度を示す

④子育てにストレスを感じている

⑤家庭内に著しい不和や配偶者への暴力がある

⑥対人関係が敵対的でトラブルを起こすことが多い

　保育所、幼稚園に勤務する保育者は、児童虐待を発見する最前線に立っているといえます。

　具体的事例おいて虐待であるかどうかの判断は、上に見た「児童虐待防止法」の定義に基づいておこなわれるのは当然ですが、子どもの状況、保護者の状況、生活環境などから総合的に判断すべきです。その際に留意すべき点は、あくまでも子どもの側に立って、子どもの感覚・視点から判断すべきであるということです。つまり、保護者の意図がどうであるかによって判断するのではなく、子どもの立場から子どもの安全と健全な育成が図られているかどうかに着目して判断することが大切です。

　保育者には、保護者よりも子どもの利益を最優先に考えて行動すべき責任があります。以上の意味から、保育者という存在は、児童虐待を未然に防ぐことのできる重要な立場にあるということを忘れないようにしたいものです。

第**9**章

新しい人権

1．憲法13条と現代社会

憲法13条

憲法の人権規定は、私達の歴史の中で、政府の権力によって侵害されることの多かった権利や自由を並べていますが、すべての人権をカバーしているわけではありません。時代が進み、それにつれて社会生活のあり方も変化してきます。とくに、情報化社会を迎え、科学技術や医学の進歩には目覚ましいものがありますし、現代の福祉国家を実現するためには国民生活に入り込むような積極的な行政作用が必要になってきました。その意味から、憲法が作られた時代には予想もできなかった人権の侵害が生ずるおそれが増しています。

そこで、日本国憲法には定められていない「**新しい権利**」を導き出すために、憲法13条を見直そうという考え方が主流になりました。憲法13条は、次のように定めています。「すべて国民は、個人として尊重される。生命、自由及び幸福追求に対する国民の権利については、公共の福祉に反しない限り、立法その他の国政の上で、最大の尊重を必要とする」。

幸福追求権

この13条は、広く「幸福追求権」として理解されています。本来、この規定は、すべての人権に通ずる総則的な規定ですが、これを14条以下でカバーしきれない新しい権利を導き出す包括的な権利を定めたものとして理解しよう、というのが通説です。つまり、この幸福追求権に含まれる権利は、それが侵害された場合には裁判の上で保障され、救済を受けられる具体的な権利として理解しようというのが多数説の立場です。

ところで、この幸福追求権の範囲をどのように考えるかについては、解釈が分かれています。一つは、幸福追求権の保障の範囲を限定して、個人が自分らしく生きていく上で不可欠と思われる権利のみに限られるという「**人格的利益説**」。もう一つは、保障の

範囲を広くとらえ、個人のあらゆる生活領域にかかわる行為全般に認められるという**「一般的自由説」**です。たしかに、人権は、できる限り広く保障されるべきであるとは思いますが、新しい人権を無制限に認めていくと**「人権のインフレ化」**を招いてしまって、本当に大切な人権とそうでないものとが混同されて、かえって本当に重要な人権の保障が弱められてしまう危険があります。たとえば、（1）オートバイに乗る自由や髪型を自由に決める自由（新しい人権）と（2）自分の信ずる宗教を信仰する自由（20条）や政治的表現の自由（21条）とでは、確かに重要度が違うでしょう。とすれば、新しい人権も重要なものに限定して考えていく必要がある、といえます。しかし、人権の範囲を限定するとしても、「人が人格をもって自分らしく生きていく上で不可欠かどうか」という基準が、非常に抽象的で不明確なものであることは否定できないように思われます。

　憲法13条を根拠にして主張される新しい人権の具体例としては、プライバシーの権利、肖像権*、名誉権、自己決定権、環境権、日照権、嫌煙権、アクセス権などがあげられますが、最高裁が、明確に認めたものは肖像権ぐらいです。

> ＊　京都市内でおこなわれた学生のデモ行進の先頭集団が、許可条件に違反したため私服の警察官がその状況を写真撮影をした際、これに怒った学生が、この警察官に傷害を与えたことが公務執行妨害罪にあたるかが争われた事件（京都府学連事件）。最高裁は、「何人も、その承諾なしに、みだりにその容ぼう・姿態を撮影されない自由を有」し、「これを肖像権と称するかどうかは別として、少なくとも、警察官が、正当な理由もないのに、個人の容ぼう等を撮影することは、憲法13条の趣旨に反し、許されない」と判示しました（最大判昭和44.12.24）。

2．プライバシーの権利

アメリカで発展した法理論

　プライバシーの権利は、アメリカ法で発展した法理論です。19世紀後半のアメリカにおいてはスキャンダラスな大衆雑誌（イエロー・プレス）が横行し、多くの国民が精神的被害を受けていました。そこで、1890年にウォーレン（S.D. Warren）とブランダイス（L.D. Brandeis）が、ハーバード・ロー・レビューという法学雑誌に「プライバシーの権利（The Right to Privacy）」という連名の論文を発表したのが最初といわれています。そこでは、プライバシーの権利は、**「一人にしておいてもらう権利」**（right to be let alone）と定義されました。

日本での展開

日本では、これより70年ほど遅れて、1964年の「**宴のあと**」事件*の判決でプライバシーの権利がはじめて認められました。この事件で、東京地裁はプライバシーの権利を「私生活をみだりに公開されないという法的保障ないし権利」と定義しました。

> *　東京都知事選挙に立候補して落選した有名な政治家をモデルとして、三島由紀夫が書いた小説「宴のあと」が、その政治家のプライバシーの権利を侵害するかどうかが争われた事件。
>
> 　第1審の東京地裁はプライバシー侵害の要件として、「公開された内容が（1）私生活上の事実または私生活上の事実らしく受け取られるおそれのあることがらであること、（2）一般人の感受性を基準にして（その人の立場に立った場合）公開を欲しないであろうと認められることがらであること、…（3）一般の人々に未だ知られていないことがらであること」を要件として示し、結論としてプライバシーの権利の侵害があったとしました。その後、和解が成立して裁判は終了しました（東京地判昭和39.9.28）。

移民国家として出発したアメリカ合衆国は、「人種のサラダボール」といわれるような異質的な社会を形成してきました。多種多様な人種、宗教、文化をもつ社会においては、自分の私的領域と他者との境界をはっきり区別する傾向があるのに比較して、単一民族で構成される同質的な社会を基礎とするわが国では、プライバシーの権利についての意識は低いといわれてきました。

プロッサーの4分法

アメリカで、プライバシーの権利が認知されていくことに大きな影響を与えたものとして、プロッサー（W. prosser）教授による研究が有名です。プロッサーは、プライバーの権利を侵害したとされる事例を収集し、これを分析・整理して4つの類型に分けました。これがプロッサーの4分法といわれるもので、アメリカでの通説となりました。

（1）私事の営利的盗用（appropriation）…個人の氏名、肖像、意見を自分の商業上の利益のために盗用すること（たとえば、営利目的で他人の名前や写真を無断で使用すること）

（2）私生活への侵入（intrusion）…個人の孤独性への侵入、個人の住居・居室への侵入、私生活の無断撮影や私的会話の無断録音など

（3）私的事項の公開（public disclousure of private facts）…個人にとっての私的事項の公開、各種週刊誌のゴシップ記事、学校による学生・生徒の身上書の無責任な公表など

（4）誤解を生ずる表現（false light in the public eye）…ある事実の公表により公衆に

　　誤った印象を与えること（たとえば、本人の意見でないものを偽って本人の意見とし
　て公表すること、本人の写真を何の関係もない記事に掲載すること）

　このうち、（1）は著作権（ちょさくけん）の問題として扱われ、（4）は名誉毀損（めいよきそん）としても扱われると
されます。

自己情報コントロール権

　このように、はじめ、この権利は個人の私的な生活領域に他人が無断で侵入したり、
関与したりすることを排除するという自由権的（消極的）な性格の権利として理解され
ていました。けれども、その後、情報化社会が進み、個人情報の電子化が急速に普及す
るにともない、プライバシーの権利は個人が自分の情報について主体的にコントロール
し、自分の情報について開示・訂正・抹消（まっしょう）を請求できるという請求権的（積極的）な
性格が重視されるようになってきました（**自己情報コントロール権**）。

プライバシーの権利と名誉毀損

　ところで、プライバシーの権利とよく似ているものに名誉毀損があります。人の生
命、身体、自由、名誉、肖像、プライバシー、信用など、財産的ではない人格的な利益
を内容とする権利を**人格権**といいます。この人格権は、個性的な自分の生活上の利益を
保護するものですから、その人自身の人格と切り離すことができず、これらの権利を他
人に譲り渡すことはありえないし、相続の対象にもなりません。これを一身専属的（いっしんせんぞくてき）な権
利*といいます。また、この人格権を侵害する場合、とくに名誉を毀損した場合には、
不法行為として損害賠償の責任が生ずるほか（民法723条）、刑法の上でも犯罪として処
罰されます（刑法230条）。名誉もプライバシーも人格権の一種ですが、名誉毀損は人の
もっている「社会的評価（評判）」を低下させることを意味するのに対して、プライバ
シー権の侵害は、社会的評価とはかかわりない私的な領域を害されたことによる「精神
的苦痛」を救済する点が異なります。

> 　*　一身専属権とは、相続したり他の人に譲り渡すことのできない、その人（個人）だ
> 　けに与えられた権利や資格をいいます。生活保護の受給権や医師・看護師・保育士・
> 　幼稚園教諭の免許は、一身専属的に与えられる権利や資格です。

3．幼稚園・保育園における個人情報の保護

情報化社会の到来

　上に見たように、科学技術の進歩と情報化社会の到来は、私達の個人情報が簡単に収集・保有・蓄積されることを可能にしました。PC の普及、防犯・監視カメラ、盗聴器など、テクノロジーの発達には目覚ましいものがあります。それに加えて、政府は社会福祉国家の理念の下、ますます国民生活に介入することを要請され、社会・経済政策を実施するため必要な個人情報を大量に収集し蓄積することとなりました。

　さらに、各民間企業も営業の効率化のために膨大な個人情報を収集しています。データ・バンク社会と呼ばれる現代では、それらの個人情報が個人の知らないうちに集積され、オンラインで結ばれて、さまざまな利用対象とされる場合、個人の私生活を脅かす可能性があります。たとえば、家族の葬儀を済ませた直後に墓地を紹介する広告が届いたり、成人式前の女性に複数の呉服屋から晴れ着の広告が届くことなど、がこれです。

個人情報の保護

　必要な行政目的のために、個人情報を利用・活用することは問題はないといえますが、プライバシー権の保護という観点からすれば、個人情報の管理やその取り扱い方について、正しいルールを作る必要があります。つまり、（1）本人が了解していないうちに情報が収集され利用されることを禁止すること（**収集の制限**）、（2）情報の正確さを確保するため本人に閲覧、訂正、削除の請求を認めること（**閲覧・訂正等の請求権**）、（3）収集した情報は目的以外には利用しないこと（**目的外使用の禁止**）、などは必要不可欠な条件でしょう。個人情報の保護についての法律は、平成15年に「**個人情報保護法**」という形で成立しました。

自己情報コントロール権を認めた判例

　ところで、大学が主催した講演会に参加する学生の名簿を警察の求めに応じて提出した事件について、最高裁は参加者の氏名、住所、電話番号などの個人情報は、「秘匿されるべき必要性が必ずしも高いものではない」が、「このような個人情報についても、本人が、自己が欲しない他者にはみだりにこれを開示されたくないと考えることは自然なことであり、そのことへの期待は保護されるべきものであるから、本件個人情報は、（学生）らのプライバシーに係る情報として法的保護の対象となる」として、プライバシーを侵害し不法行為を構成するとしました*。自動車教習所の指導員の解雇に関する弁護士会からの要請に応えて、区長が住民の前科を教えた事件について、最高裁は「市

区町村長が漫然（まんぜん）と弁護士会の照会に応じ、犯罪の種類、軽重（けいちょう）を問わず、前科等のすべてを報告することは、公権力の違法な行使にあたる**」としました。いずれも、自己情報コントロール権としてのプライバシーの権利を認めたものといえます。

　*　早稲田大学江沢民講演会事件（最判平成15.9.12. 判例時報1837号3頁）
　**　前科照会事件（最判昭和56.4.14. 判例時報1001号3頁）

保育現場でのプライバシー保護

　さて、保育所や幼稚園の現場でも、子ども達や保護者のプライバシーの保護が問題となります。園内で遊んでいる園児をその承諾なしに撮影してインターネットに掲載するような場合、園児の肖像権が問題となります。

　また、東京都渋谷区の保育所に入所を希望する保護者に対して、区長が「入所可能な優先順位に達しなかった」という理由で入所を承諾しなかったことの違法性を争った事件について、東京地裁は、渋谷区のおこなった入所選考には不合理はなかったという判決を示しました***。同じく保育所への入所を断られた保護者が、入所不承諾の理由と、この保護者の児童よりも他の児童の優先度が高いと判断した基準を明らかにすることを求めた事件があります****。このような場合、なぜ自分は希望する保育所に児童を入所させることができないのか、その理由と承諾の基準は何かを聞きたいという保護者の心情は、「知る権利」として一定の範囲で認められると思われます。しかし、保育所の管理者が、その不承諾処分の理由を具体的に説明するとなると、他の児童の家庭における保護者の養育状況や勤務状況などのプライバシーに関する具体的事情との比較を公表せざるをえないことになるから、個人情報の保護という観点から問題となります。

　***　東京地判平成19.11.9.
　****　京都地判平成25.1.17.

4．プライバシーの権利と表現の自由との調整

表現の自由の価値

　憲法21条が保障する言論、出版などの表現の自由は、民主社会を維持していく上で、きわめて重要な人権といえます。自分の意見や感情を自由に表現し、他者とさまざまなつながりを保つことは、自己の人格を形成していく上で不可欠なものです（**自己実現の価値**）。また、自由な意見交換が真理へ到達する道であるという意味で、言論の自由、

自由な討論の保障は民主政治の根幹に位置する人権です（**思想の自由市場論**）。

プライバシーの権利と表現の自由

けれども、表現の自由といえども、絶対無制限ではありません。他人の名誉を傷つけたり、他人のプライバシーを暴いて精神的苦痛を与えたり、犯罪を扇動するような言論、出版、表現の自由は制限されるべきでしょう。一方、プライバシーの権利や名誉権も絶対無制限に認められるわけではありません。ここでは、プライバシーの権利の保護と表現の自由との関係について考えてみます。

表現の自由がプライバシーの権利に優先する場合として、二つの理論があります。**公の利益**（public interest）の理論と**公の存在**（public figure）の理論がこれです。

（1）**公の利益**の理論は、多数の人達の思考や判断の材料になるような重要な価値のある情報の場合には、プライバシーの権利は一定の範囲で制約されるというものです。報道することに重要な価値のある情報や教育的な価値のある情報のほか、医学的価値や啓蒙的な価値のある情報がこれにあたります。たとえば、国会議員や公務員が不正な行為（賄賂などの汚職）をしたという情報や、癌などの難病に対する新しい治療法が発見されたという情報などが、これにあたります。この場合、多数の人が関心をもつ情報ですが、その関心はあくまでも「正当な関心」でなくてはなりません。下品な興味半分の関心は含まれないと考えなければなりません。

（2）**公の存在**の理論は、公に名前の知られた人（公人、有名人）に関しては、保護されるべきプライバシーの範囲が一般の市民よりも狭くなる、というものです。まず、公職にある人、たとえば、内閣総理大臣、国務大臣、国会議員、地方公共団体の首長（知事、市長、町長など）、裁判官、上級公務員などはもちろん、医師、俳優、芸術家、スポーツ関係者、犯罪者などが含まれます。また、これら公人の行為の内容が問題となります。公人の行為が、犯罪または反倫理的行為、訴訟、選挙活動、政治・経済活動などの場合には、プライバシーの権利の保護よりも表現の自由が優越すると考えられます。もっとも、公の存在になった理由が、本人の意思によるものかどうかは考慮しなければなりません。罪を犯した者と犯罪の被害者とでは、異なった扱いが必要であることはいうまでもありません。

5．自己決定権

自己実現と自己決定

　最近、「自己実現」という言葉が、よく聞かれるようになりました。若い人達が、自分らしく生きるというのが、人生の意味だと感じはじめているためではないでしょうか。そこには、型どおりの人生観や価値観に流されず、自分を大切にして「自分の自分による自分のための人生」を生きたいという思いがあるようです。

　そのためには、他人に迷惑をかけない限り、他人に害を加えない限り、自分の生き方は自分で決めることができること、つまり**自己決定権**が保障される必要があります。このような権利は、現在の憲法には、まったく書かれていませんが、憲法13条は「生命、自由及び幸福追求に対する国民の権利」を保障しています。この幸福追求権は、個人の尊重、個人の尊厳を実現するためのものです。個人が人間としてのプライドをもった、尊厳ある存在として尊重されるためには、なによりも自己決定権が保障されなければならないといわれます。

自己決定権に属する事柄

　物事には、多数決によって決めてよいことと、多数決によっても決められないことがあります。自己決定権に属する事柄として主張されているのは、次のような事柄です。

（1）**ライフスタイル**についての自己決定

　服装や身なり、髪型、ひげなどの外観、結婚・再婚・離婚・同棲などの家族の形成、維持にかかわる事柄、同性愛などの性的自由、がこれに含まれます。

　たとえば、校則による制服や髪型（丸刈り）の強制、同性婚、同性愛団体の公的宿泊施設の使用不許可、女性の再婚禁止期間（民法§733）、夫婦別姓と同姓制（§750）、自己消費目的の酒類製造の禁止など、が問題となります。

（2）**危険な行為**についての自己決定—パターナリズムとの関係

　冬山登山の禁止や遊泳の禁止、自動車高速運転の禁止、覚醒剤、飲酒・喫煙の禁止など、がこれに含まれます。

　たとえば、ヘルメットやシートベルトの着用義務違反に対する罰則、失明の危険を理由とするボクシングの試合禁止など、が問題となります。

（3）リプロダクション（生殖）にかかわる自己決定

　女性の産む自由と産まない自由、避妊、人工妊娠中絶、断種などについての自己決定など、がこれにあたります。

　たとえば、人工妊娠中絶と刑法の堕胎罪（213条以下）、母体保護法*との関係、代理母、試験管ベビーの問題をどう考えるかが問題となります。

> *　母体保護法14条は、次のように規定しています。
> 「指定医師は次の各号の1に該当する者に対して、本人及び配偶者の同意を得て、人工妊娠中絶を行うことができる。
> 　1．妊娠の継続又は分娩が身体的又は経済的理由により母体の健康を著しく害するおそれのあるもの
> 　2．暴行もしくは脅迫によって又は抵抗もしくは拒絶することができない間に姦淫されて妊娠したもの」

（4）自分の生命、身体の処分にかかわる自己決定

　治療拒否、輸血拒否、安楽死、尊厳死（延命治療の拒否）の自由は、自己決定権の範囲に含まれるかが問題となります。とくに、尊厳死を認めることと自殺の自由を認めることとの違いはどこにあるのかは難しい問題です。最近は、医療の領域で患者の自己決定権が尊重され、インフォームド・コンセントを基調とする方向へ転換しつつあります。

　自己決定権に属するとされる事柄には、単なる「個人の趣味や好み」といえるものから、自分の人生の中で譲れない「生き方の核心」に触れるものまで、さまざまなものが含まれています。それらは、当然、社会一般の法秩序や法意識、モラルと衝突する場面があります。とくに、（3）（4）の領域では、その人の人生観、死生観、世界観、家族観や人間の尊厳に対する価値判断が深く関係してきます。

　エホバの証人の信者である末期の肝臓癌の患者が、絶対に輸血を拒否する意思を病院側に伝えて手術を受けたところ、手術中に想定外の出血があり、担当医は救命のためやむなく無断で輸血した事件について、最高裁は次のように述べました。「患者が、輸血を受けることは自己の宗教上の信念に反するとして、輸血を伴う医療行為を拒否するとの明確な意思を有している場合、このような意思決定をする権利は、人格権の一内容として尊重されなければならない**」。

　** 信仰による輸血拒否事件（最判平成12.2.29. 判例時報1710号97頁）

第**10**章

私 人 間 の 人 権 問 題

1．私人相互間での人権侵害

権力制限規範としての憲法

　第5章で述べたように、授権規範・権力制限規範としての憲法の存在理由は、政府や地方公共団体の権力の濫用（らんよう）から国民の人権を保障することにあります。したがって、憲法の人権保障規定は、もっぱら公の権力を制限する意味をもつものと理解されてきました。

　本来、平等とみなされる私人（しじん）（一般市民）相互の間では、合意だけが義務を生み出すとされてきました。つまり、私人相互の間では、私的自治、契約の自由、過失責任の原則を柱とした私法（民法）の規定が適用され、憲法の人権規定は適用されないと考えられてきました。

国民の間に見られる支配服従関係

　ところが、資本主義経済が高度に発展した結果、現代では、人権侵害の問題は公権力によるよりも、むしろ私人間の関係で多く引き起こされるようになりました。私達の社会生活の中に、大企業、政治団体、労働組合、マスメディア、宗教団体などの**社会的権力**が登場し、国民の間に強い権力支配関係ができあがり、その政治的・経済的な優劣関係を通じて、個々の国民の自由な立場が圧迫されるという現象が顕著になってきました。

　たとえば、大企業と中小企業との利害の対立、使用者と従業員の関係、労働組合と組合員の関係、私立大学・高校と学生・生徒の関係、医師会と医師との関係、言論報道機関による一般個人の人格権（名誉、プライバシーの権利）侵害の問題などが、これにあたります。

　このような公権力をもたない私人による人権侵害は、民法によって解決すべきだといえます。しかし、これが不十分である場合には、憲法の人権保障規定を何らかの形で私

人間の関係に適用する必要があるのではないか、ということが問題となってきました。これが、人権の**私人間効力**（第三者効力）の問題といわれるものです。

いろいろな人権規定

ところで、憲法の人権規定の中には、受益権（裁判を受ける権利、請願権など）や生存権（生活保護の請求権）のように、政府に対する国民の権利を保障し、その権利の性質上、私人間には適用する余地のないものがあります。その反面、私人をも直接の適用の対象としていると考えられる権利もあります。たとえば、秘密投票の保障（15条4項）、奴隷的拘束・苦役からの自由（18条）、婚姻の自由（24条）、児童酷使の禁止（27条3項）、労働者の団結権・団体交渉権・争議権（28条）などは、権利の性質上、私人間の関係にも直接適用されるものです。

問題となるのは、思想・良心の自由や信教の自由などの精神的自由、法の下の平等の規定について、これを私人間の関係にどのようにあてはめて用いるかの点です。具体的には、企業（使用者）が従業員の雇用に際して、その者の思想や信条を理由に採用を拒否したり解雇したりすることは、民法などの法律の規定がどうあっても、憲法の人権規定によって禁止されていると解釈すべきか、という問題です。

2．憲法の間接適用説

憲法を直接適用した場合の問題点

まず、現代の民主的な憲法は、国民のすべての生活にわたる価値の秩序だから、社会生活のあらゆる領域で尊重され、実現されるべきだという考え方があります（**直接適用説**）。たしかに、説得力のある説のように思えますが、自由な市民生活を維持していく上では問題があります。

たとえば、地域社会や大学の中で、キリスト教の信者だけをメンバーにした親睦団体を作ろうとしたり、特定の県の出身者だけを集めて「県人会」を結成しようとした場合、キリスト教信者以外の人や特定の県出身者以外の人は入会できないことになります。考えてみると、これらのことは信仰や出身地によって人を差別していることになりますから、問題になりかねません。もし、このような場合に、憲法の人権規定が直接適用されるということになれば、これらのことは信教、出身地による差別として憲法違反となってしまい、親睦団体や県人会などは作れなくなります。

自由な市民生活と公序良俗

このようなことでは、自由な市民生活は成り立たないでしょう。やはり、市民社会は**私的自治の原則、契約の自由の原則**によって動いていた方が自然です。つまり、当事者が、自由な意思で合意・約束（契約）したことを尊重して生活をしていくことが大切です。

ただし、当事者が合意すればどのような契約でも有効かとなると、そうではありません。

この点について、民法90条は、「 公 の秩序又は善良の風俗に反する法律行為は、無効とする」と定めています。ここにいう「公の秩序」とは社会一般の人々が認めている法の秩序を意味し、「善良の風俗」とは同じく社会一般の人々が認めている道徳・モラルの秩序を意味します。これを略して「**公序良俗**」といい、社会公共の秩序、国家社会の一般的利益と言い換えられます。

民法90条の趣旨は、当事者の双方が、それぞれの自由な意思で合意（契約）していたとしても、その合意の内容・目的が「公序良俗」に反する場合には、無効となるということです。たとえば、犯罪行為を内容とする殺人契約や賭博契約はもちろん、妻がいる男性が他の女性と結んだ愛人契約や女性だけを対象にする結婚退職制や出産退職制、相手の無知や軽率につけ込んだ勧誘方法によって結ばれた売買契約、過大な利子を払う借金の契約や過度の違約金を伴う契約などは、公序良俗違反として無効になります。

けれども、上に見たような、キリスト教の親睦団体や県人会の結成のように、政府には許されない権利・自由への制限も、公序良俗に反しない限りは、それが当事者の間の自由な意思決定に基づくものであれば、許される場合が広く存在すること、また、そういう法律関係を設定する自由もまた、憲法で保障された自由の一つだと考えられます。

間接適用説

そのように考えると、一方で私的自治（契約の自由）の原則を尊重しながら、他方で民法90条の公序良俗規定のような規定を媒介にして、憲法の人権規定を間接的にそこにあてはめて用いる手法が適切だということになります。このような考え方を憲法の間接適用説といいます。多くの学説や判例も、この間接適用説を支持しています。

しかし、**間接適用説**が妥当だとしても、憲法の人権規定の適用のしかたには幅があります。人権を無条件に保障することが公の秩序だとすれば、直接適用説と実際上は変わらないことになり、逆に、強制労働や人身売買のような極端な人権侵害だけを公序良俗違反として効力を否定するのであれば、憲法がもつ意味は失われることになることに注意が必要です。

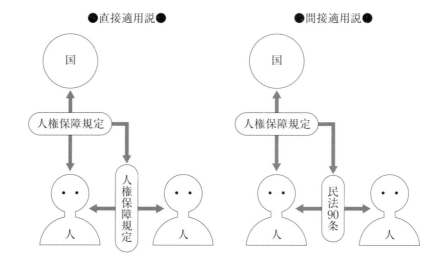

3．三菱樹脂事件と日産自動車事件を考える

三菱樹脂事件

　東北大学法学部を卒業して、三菱樹脂株式会社に３ヶ月の試用期間を設けて採用されたＸ（男性）が、入社試験の際に身上書と面接で、大学在学中に「社会文化政治団体、学外の団体、部員の経験」はない、としていましたが、実際には在学中に学生自治会中央委員、生協理事などを経験し、無届デモや過激な学生運動をしていました。そこで、会社はＸには虚偽（きょぎ）の申告があったとして、試用期間の終了後にＸの本採用を拒否しました。これに対して、虚偽の申告を理由とする本採用の拒否が、思想・良心の自由（19条）および信条による差別の禁止（14条１項）に反するか、が争われました。

　第１審、第２審ともＸの請求を認めました。とくに第２審の東京高裁は、憲法19条の保障する思想・信条の自由は、企業が労働者を雇用する場合など、一方が他方に優越する地位にある場合には、その意に反してみだりに侵されてはならず、一般の商事会社の場合には職務上、思想・信条が業務遂行に支障をきたすことはないから、入社試験の際、応募者にその政治的思想、信条に関係のある事項を申告させることは、公序良俗に反して許されないとして、Ｘが全面的に勝訴しました。

　ところが、最高裁は次のように述べて、Ｘの請求を認めませんでした。

　憲法14条、19条の各規定は、「国または公共団体の統治行動に対して個人の基本的な自由と平等を保障する目的に出たもので、もっぱら国または公共団体と個人との関係を規律するものであり、私人相互の関係を直接規律することを予定するものではない」。

私人間の関係でも、社会的な力関係の違いから、一方が他方に優越するような「私的支配関係においては、個人の基本的な自由や平等に対する具体的な侵害またはそのおそれがあり、その態様、程度が社会的に許容しうる限度を超えるときは、これに対する立法措置によってその是正を図ることが可能であるし、また、場合によっては、私的自治に対する一般的制限規定である民法1条、90条や不法行為に関する諸規定等の適切な運用によって、一面で私的自治の原則を尊重しながら、他面で社会的許容性の限度を超える侵害に対し基本的な自由や平等の利益を保護し、その間の適切な調整を図る方途も存する」。「憲法は、思想、信条の自由や法の下の平等を保障すると同時に、他方、22条、29条において、財産権の行使、営業その他広く経済活動の自由をも基本的人権として保障している。それゆえ、企業者は、かような経済活動の一環としてする**契約締結の自由**を有し、自己の営業のために労働者を雇用するにあたり、いかなる者を雇い入れるか、いかなる条件でこれを雇うかについて、法律その他による特別の制限がない限り、原則として自由にこれを決定することができるのであって、**企業者が特定の思想、信条を有する者をそのゆえをもって雇い入れることを拒んでも、それを当然に違法とすることはできないのである***」。

* 最大判昭和48.12.12. 判例時報724号18頁。

　最高裁が三菱樹脂事件で示した見解は、その後、私立大学における学生の政治活動の制限が争われた昭和女子大事件最高裁判決**、私立高校の校則でバイク制限を定めることが問題となった東京学館高校バイク事件最高裁判決***でも引用されました。

** 最判昭和49.7.19. 判例時報749号3頁。
*** 最判平成3.9.3. 判例時報1401号156頁。

日産自動車事件

　ところで、私企業における女性差別が問題となった日産自動車事件について、最高裁はこれまでとは異なった判決を示しました。

　X（女性）が勤務していた会社（プリンス自動車工業）の定年は男女とも55歳でしたが、昭和41年に日産自動車株式会社に吸収合併され、その際に結ばれた労働協約の拘束力によって、Xに対しても、「男性定年55歳、女性定年50歳」とする日産自動車の就業規則の効力が及ぶことになりました。そのため、昭和44年1月に満50歳となるXに対し、前年の12月、日産自動車は、就業規則によって翌年1月末をもって退職を命ずる旨の予告をしました。Xは、この男女別の定年制は、性別のみを理由として女性従業員

を差別するものであり、民法90条に違反する無効なものであると主張して訴えを起こしました。

　最高裁は、女子従業員の担当職務、高齢女子労働者の労働能力などを検討した結果、企業経営上の観点から定年年齢において女子を差別しなければならない合理的理由はないとした高裁の判断を認めました。そして、最高裁は「就業規則中女子の定年年齢を男子より低く定めた部分は、専^{もっぱ}ら女子であることのみを理由として差別したことに帰着するものであり、**性別のみによる不合理な差別**を定めたものとして**民法90条の規定により無効**であると解するのが相当である」としました[*]。

　　　*　最判昭和56.3.24. 判例時報998号３頁。

　現在では、男女雇用機会均等法の６条４号が、定年について性別による差別的取り扱いを禁止していますが、この法律が施行される以前から、男女別定年制による差別が民法90条の公序良俗に違反する可能性は議論されていました。男女の平等が「公の秩序」として確立していると考えられますから、この判決は、憲法14条という人権規定が、民法90条の「公序良俗」を媒介として、間接的に適用された例としてみることができます。

第11章

法 の 下 の 平 等

1．法の下の平等の意味

平等の理念

　日本国憲法14条1項は、「すべて国民は、法の下に平等であつて、人種、信条、性別、社会的身分又は門地により、政治的、経済的又は社会的関係において、差別されない」と定めています。さらに、憲法24条で家族生活における「両性の本質的平等」を、26条で「ひとしく教育を受ける権利」を、44条では選挙権と被選挙権における資格の平等を定めています。

　この平等の理念は、自由とともに近代市民社会を支える不可欠の要素だといえます。近代の民主主義は、個人の尊厳を根本原理としています。フランスの人権宣言やアメリカの独立宣言は、自由と並んで平等を謳い、前近代的な身分差別からの個人の解放を意味するものでした。

不合理な差別

　ところで、もともと国民は、お互いに社会生活において違いがあります。勤勉な人も怠惰な人もあり、裕福な者も貧しい者もあり、個性、性格、能力も千差万別ですが、そのような違いをすべて考慮せずに、全員を同じに扱うことを憲法が要求しているのではありません。

　平等の原則は、法律的に不合理な差別を設けてはならないこと、法律の上で国民相互を差別してはならないという意味であって、国民相互の関係において、すべての人を無差別・平等に扱うことを意味するものではありません。

形式的平等

　まず、近代の初期では、政府による不平等な取り扱いを排除し、すべての人に自由な活動の機会（チャンス）を与えることが叫ばれました。そこでは、年齢、性別、職業、収入などの違いに関係なく、すべての人を形式的に平等に扱うことが求められました。

これを「**形式的平等**」または「**機会の平等**」と呼びます。

　ところが、その後、資本主義経済が発展したことにより，国民の間に貧富の格差が拡大しました。失業者や労働者、身体に障害のある人の多くは貧困に苦しむことになり、富裕層はますます富を蓄積していきました。すべての人に平等に機会を与え、一律に権利を保障するだけでは、本当の意味での平等は実現できず、むしろ実際には不平等が出現することになりました。

実質的な平等

　そこで、「**実質的な平等**」を確保する必要が叫ばれ、それを実現するために政府が国民生活に介入する必要性が自覚されました。そのためには、富裕層の国民の経済的自由をある程度制限して、すべての国民に実質的な平等、つまり「**結果の平等**」を実現することの必要性が指摘されるようになりました。たとえば、年収1億円の人と年収300万円の人に対して、一律に年50万円の税金を課すことは果たして本当の意味で平等だといえるか、ということです。そこで、わが国などでは、年収の多い人には高い税率をかける一方、低所得者には低い税率をかけるか、または税金を免除する制度を採用しています。これを**累進課税制度**といいます。このように、各個人の違いに応じて異なる取扱いをすることにより、実質的な平等が実現できるといえます。

2．憲法14条と合理的差別

自由と平等との関係

　自由と平等とは、近代憲法の車の両輪といわれてきました。しかし、上で見たように、実質的平等は自由を制限することによって実現されることを考えれば、自由と平等との間には一種の矛盾と緊張の関係があることがわかります。もし、平等の実現を徹底して、完全な形での「結果の平等」を実現しようとすると、自由はまったく背景に退いてしまいます。逆に、各人に広い範囲の活動の自由を認めれば認めるほど、結果の平等の実現は難しくなります。

相対的平等

　そこで、現代の憲法にいう平等は、原則として形式的平等を前提にしつつ、常にすべての人を機械的に均一に扱うとするのではなく、事実上の差異に着目して、社会の一般通念から見て、不合理な差別的取扱いのみが禁止されるという「**相対的平等**」の意味であると理解されています。たとえば、労働基準法による産前産後休暇（65条）、育児時間（67条）の規定、妊産婦に対する保護規定（64条の2、3）、少年法や未成年者飲酒禁

止法、未成年者喫煙禁止法などによる青少年に対する特別の取扱い、特定の職業に従事する者に対して特別の注意義務を課すこと、などがこれにあたります。

立法者拘束説

ところで、憲法14条が「法の下に平等」と書いてあることから、法律の内容はともかく、それをあてはめる際に、行政権や司法権が国民を差別してはならない意味だという考え方があります。これを「法適用平等説」または「立法者非拘束説」といいますが、正しくありません。憲法14条には「法」とあって「法律」とは書かれていないことに注意すべきです。

日本の場合、「法」という語は国会が制定する「法律」よりも広い意味があるから、憲法を含めて「法の下」で国民を平等に扱うと読めば、**国会が法律を作る場合にも国民を差別してはならない**という意味になります。すなわち、法律の上で、法律の規定の中で、差別してはならないということになります。これが「**法内容平等説**」または「**立法者拘束説**」であり、今日の通説です。

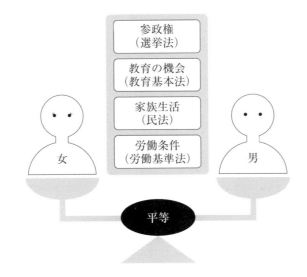

例示説

さて、憲法14条は「人種、信条、性別、社会的身分又は門地」による差別を禁止しています。

これらは、歴史的に見て**不合理な差別***がおこなわれてきた代表的な事項を例として示していると見るべきで、その他の事柄に基づく不合理な差別も禁じられている、と解釈されます。

> ＊　不合理な差別とは、道理や理屈に合っていない差別、つまり筋の通らない差別のことをいいます。

　人種とは、皮膚や毛髪の色などの身体的な遺伝的特徴によりなされる人類学上の区別をいい、**門地**とは家柄を意味します。社会的身分の意味はあまり明確ではありませんが、人の生まれによって決定される地位とすれば、門地に近いものになります。いずれにしても、人種・性別・社会的身分・門地は、先天的な理由によるものであり、本人の責任にすることはできないものだから、これを根拠として差別することは原則的に憲法違反と考えられます。

　信条とは、宗教的信仰に限らず政治的な思想や信念、人生観・世界観などを含むと解釈されます。民主政治が、相対主義の立場から、さまざまな思想や意見の自由を前提に成り立つことから、信条による差別は原則的に許されないといえます。

3．最高裁判例の考え方

（1）尊属殺人重罰事件

　平成7年に改正される前の刑法では、200条に「尊属殺人罪」という犯罪が定められていました。**尊属**とは自分の父母、祖父母など、自分よりも上の世代のことをいいます。この規定は、普通の殺人罪と比べて刑罰が重く定められていました（当時、普通の殺人罪は「死刑または無期もしくは3年以上の懲役」、尊属殺人罪は「死刑または無期懲役」）。14歳の時、実の父親に犯され、その後10年あまりにわたって夫婦同様の生活を強制され、父の子どもを5人も出産するという悲惨な状況にあった女性が、職場で知り合った男性とようやく正常な結婚の機会に恵まれました。これに父親は激怒して女性を監禁し、虐待と脅迫を加えたので、女性は思いあまって父親を絞殺し、警察に自首をしたという事件が起きました。

　この事件では、刑法200条の尊属殺人の重罰規定が、憲法14条に違反するかどうかが争点となりました。最高裁は、（1）法律を作った目的（立法目的）に合理性があるか、（2）その目的を達成する手段・方法に合理性があるか、の2点について審査しました。

　まず、（1）については、「尊属に対する尊重報恩は、社会生活上の基本的道義というべく、このような自然的情愛ないし普遍的倫理の維持は、刑法上の保護に値するものと

いわなければならない」。したがって、「尊属の殺害は通常の殺人に比して一般に高度の社会的道義的批判を受けて然るべきであるとして…法律上、刑の加重要件とする規定を設けても」合理的な根拠を欠くものではなく違憲ではない、としました。しかし、（2）については、「刑法200条は、尊属殺の法定刑を死刑または無期懲役のみに限っている点において、その立法目的達成のため必要な限度を遙かに超え、普通殺に関する刑法199条の法定刑に比し著しく不合理な差別的取扱いをするものと認められ」るとして、**刑法200条を違憲、無効**としました*。

　　*　最大判昭和48.4.4. 判例時報697号３頁。

　判決は、尊属殺人と普通殺人とを区別して特別の重罰規定を設けること自体は、合理的根拠があり憲法違反ではないが、その刑罰（死刑または無期懲役）が重すぎる点で違憲である、としたのです。判断の基準として、（1）**法律の目的**と（2）**目的を達成する手段**との２つに分けて判断するという考え方は、その後の判決でも確立した手法となっています。

　ところで、この判決では、15名の裁判官のうち６名が、（1）の法律の目的（立法目的）自体が憲法14条に違反するとしたことは注目されます。たとえば、田中二郎裁判官によれば、憲法の基調である民主主義の理念からすれば、個人の尊厳と人格価値の平等の精神と矛盾しない限度での差別的取扱いは許されるが、刑法200条の尊属と卑属の区別は「一種の身分制道徳」、旧家族制度的な倫理観に立つもので憲法の根本理念に反する、としています。

　当時の刑法には、200条のほか、尊属に対する加重処罰規定として、尊属傷害致死（205条２項）、尊属遺棄（218条２項）、尊属逮捕監禁（220条２項）がありました。これらの規定は、200条のような極端な加重処罰を定めるものでないから、判決（多数意見）によれば、憲法違反にはならないものでした。刑法200条もその後、廃止されずに残り、尊属殺人の事件は普通殺人罪で起訴されるようになっていました。ところが、平成７年の刑法の改正により、200条の尊属殺人罪も含めて、すべての尊属加重処罰規定が削除されました。

（2）非嫡出子相続分違憲訴訟

　わが国の民法は、結婚をする際には、戸籍法に定める「婚姻届」を出すことで、正式の結婚として扱う**法律婚主義**をとっています。現代では、子どもが生まれても結婚しないカップルもあり、婚姻届を出したカップルとの間で法律上の扱いに違いが出てきま

す。届を出した法律上の婚姻関係にある夫婦から生まれた子を「嫡出子」といいます。これに対して、法律上の婚姻関係にない男女から生まれた子を「非嫡出子」または婚外子などといいます。

　ところで、生まれた子が嫡出子か非嫡出子かは、相続のときに問題となります。相続については、民法に細かい規定がありますが、遺言がある場合には、まずそれに従い、遺言がない場合には、民法の規定（法定相続分）に従うことになります。当時の民法900条は、「子及び配偶者が相続人であるときは、子の相続分及び配偶者の相続分は、各2分の1とする」（1号）と定めるほか、非嫡出子について「嫡出でない子の相続分は、嫡出である子の相続分の2分の1」（4号）とする、という規定がおかれていました。

　平成13年に死亡した男性には、法律上の婚姻関係にあった妻との間に3人の子どもがあり、法律上の婚姻関係になかった女性との間にも2人の子どもがいました。そこで、死亡した男性の遺産相続の際、上の民法900条4号の規定が憲法14条に違反しないかが争われました。

　ケースは違いますが、これと同じ問題について、最高裁は平成7年に合憲の決定を示していました。そこで最高裁は、「民法が法律婚主義を採用した結果として、婚姻関係から出生した嫡出子と婚姻外の関係から出生した非嫡出子との区別が生じ」ることはやむをえない。民法900条4号の「立法理由は，法律上の配偶者との間に出生した嫡出子の立場を尊重するとともに、他方、被相続人の子である非嫡出子の立場にも配慮して、非嫡出子に嫡出子の2分の1の法定相続分を認めることにより、非嫡出子を保護しようとしたものであり、**法律婚の尊重と非嫡出子の保護の調整を図ったもの**と解される」と述べました。そして、「現行民法は法律婚主義を採用しているのであるから、右のような本件規定の立法理由にも合理的な根拠があるというべきであり、本件規定が非嫡出子の法定相続分を嫡出子の2分の1としたことが、右立法理由との関連において著しく不合理であ」るということはできない、としました*。

　　*　最大決平成7.7.5.判例時報1540号3頁。

　ところが、最高裁は平成25年に、上の平成7年の決定を変更して、非嫡出子の相続分区別規定を憲法違反である、としました。

　最高裁は、次のように述べました。「法律婚主義の下においても、嫡出子と嫡出でない子の法定相続分をどのように定めるかということについては、（平成7年決定）で説示した事柄を総合的に考慮して決せられるべきものであり、また、これらの事柄は時代と共に変遷するものでもあるから、その定めの合理性については、個人の尊厳と法の下の

平等を定める憲法に照らして不断に検討され、吟味されなければならない」。

「昭和22年民法改正時から現在に至るまでの間の社会の動向、我が国における家族形態の多様化やこれに伴う国民意識の変化、諸外国の立法のすう勢及び我が国が批准した条約の内容とこれに基づき設置された委員会からの指摘、嫡出子と嫡出でない子の区別に関わる法制等の変化、更にはこれまでの当審判例における度重なる問題の指摘等を総合的に考察すれば、家族という共同体の中における個人の尊重がより明確に認識されてきたことは明らかであるといえる。そして、法律婚という制度自体は我が国に定着しているとしても、上記のような認識の変化に伴い、上記制度の下で父母が婚姻関係になかったという、**子にとっては自ら選択ないし修正する余地のない事柄を理由としてその子に不利益を及ぼすことは許されず**、子を個人として尊重し、その権利を保障すべきであるという考えが確立されてきているものということができる。以上を総合すれば、遅くとも、（本件の）相続が開始した平成13年7月当時においては、立法府の裁量権を考慮しても、嫡出子と嫡出でない子の法定相続分を区別する合理的な根拠は失われていたというべきである*」。

> *　最大決平成25.9.4. 判例時報2197号10頁。

　今回の最高裁の決定は、法律が作られた当時は合理的だと考えられた理由づけが、その後の社会状況や国民意識の変化によって、合理性を失ったということを根拠にしています。法律を作る際の基礎となり、その法律の存在の合理性・必要性を支える社会的事実を「**立法事実**」といいます。法律の合憲性（違憲性）を判断する際には、その法律について「立法事実」があるかないかを審査することが重要になります。この決定では、立法事実を総合的に検討すれば、「家族という共同体における個人の尊重がより明確に認識されてきたことは明らかである」として、憲法違反の判断を導いたといえます。この決定にあたって、第8章3で触れた「子どもの権利条約」2条が、「子どもは出生によって、いかなる差別も受けない」と定めていることも、裁判の際の判断材料にされたものと思われます。

（3）女子の再婚禁止期間違憲訴訟

　平成28年以前の民法733条1項は、「女は、前婚の解消又は取消しの日から6箇月を経過した後でなければ、再婚をすることができない」と定めていました。この規定の立法目的（趣旨）は、女性が離婚後すぐに再婚をすると，その後生まれてきた子の父が誰であるかを確定することが困難となる場合があり、父子関係をめぐる血統の混乱を原因と

する紛争の発生を防止しようとする点にあります。

　ところで、この規定は民法772条の嫡出の推定の規定と関係があります。772条１項は、「妻が婚姻中に懐胎した子は、夫の子と推定する」と定め、２項は「婚姻の成立の日から200日を経過した後又は婚姻の解消若しくは取消しの日から300日以内に生まれた子は、婚姻中に懐胎したものと推定する」と定めています。つまり、妊娠していた女性が離婚後すぐに再婚して、子どもが再婚から200日以降、離婚から300日以内に生まれたような場合、100日間は２つの推定が重なる結果、父親が２人いるということになってしまいます。このように、父親が重複することを避けるために、離婚した女性は６ヶ月間は再婚できないと説明されてきました。

　平成20年３月28日に前の夫と離婚した女性が、同年10月に別の男性と結婚しました。女性は、民法733条の再婚禁止期間規定によって望んだ時期に結婚できず、これによって精神的損害を被ったと主張、この規定が憲法14条１項、24条２項に反するとして、立法不作為（国会が法律を制定・改正すべきなのに、その義務を怠り国民に損害を与えること）を理由とする国家賠償を請求しました。

　最高裁は、憲法24条１項は、「婚姻をするかどうか、いつ誰と婚姻をするかについては、当事者間の自由かつ平等な意思決定に委ねられるべきであるという趣旨を明らかにしたものと解される」と述べました。そして、民法733条の立法目的は，女性の再婚後に生まれた子について、父性の推定の重複を回避し、**父子関係をめぐる紛争を未然に防ぐ**ことにあると解され、これには合理性を認めることができる。772条２項によれば、女性の再婚後に生まれる子については、計算上100日の再婚禁止期間を設けることで父性推定の重複を回避できるから、**100日を超える部分は「合理性を欠いた過剰な制約を課すものとなっている」**と述べました。つまり、733条の規定のうち、100日を超過する部分は憲法14条１項、24条２項に違反する、としました*。

　　　＊　最大判平成27.12.16. 民集69巻８号2427頁。

　この判決を受けて、平成28年に再婚禁止期間６ヶ月を100日とする民法改正がおこなわれ、また、離婚の時に女性が妊娠していないという医師の証明書がある場合には、再婚ができるという規定が追加されました。

（4）夫婦同姓違憲訴訟

　民法750条は、「夫婦は、婚姻の際に定めるところに従い、夫又は妻の氏を称する」と定めています。結婚しようとする者は「婚姻届」を出すことになりますが、その際、夫婦が称する氏（姓、名字）を記載することになっています（戸籍法74条）。つまり、結婚しようとする男女が話し合いをして、夫の姓にするか妻の姓にするかを決めることになり、夫婦は同じ姓を称することになります（夫婦同姓制度）。

　民法750条の規定は、夫婦になる男女が自由に話し合いをして姓を決めるのだから、形式的には憲法14条の法の下の平等には反しない、といえます。しかし、結婚をしている夫婦の96%以上が夫の姓を名乗っているというのが、日本社会の現状です。ところで、女性の社会進出が叫ばれる中、仕事を続けていく上で、または自分のアイデンティティとして、結婚前の姓を結婚後も名乗り続けたいと考える女性が声を上げるようになりました。

　そこで、姓の選択をしないで提出した婚姻届が受理されなかった者が、原告となって裁判を起こしました。原告は、民法750条は、実際には女性に不利益をもたらしているので、憲法違反であり（憲法13条、14条、24条違反を主張）、希望すれば夫婦は別姓でもよいとする制度（選択的夫婦別姓制度）を新たに設けないという立法不作為は、国家賠償法1条1項の適用上違法であるとして、損害賠償を求めました。第1審、第2審とも原告の主張が認められなかったので、原告は上告しました。

　この訴訟について、最高裁は原告の主張を退け、民法750条は憲法に違反しないとしました。まず、最高裁は憲法13条違反の主張に対して、「氏に、名とは切り離された存在として社会の構成要素である家族の呼称としての意義があることからすれば、氏が、親子関係など一定の身分関係を反映し、婚姻を含めた身分関係の変動に伴って改められることがあり得ることは、その性質上予定されている」。「現行の法制度の下における氏の性質等に鑑みると、婚姻の際に『氏の変更を強制されない自由』が憲法上の権利として保障される人格権の一内容であるとはいえない。本件規定（民法750条）は、憲法13条に違反するものではない」と述べました。

　ついで、憲法14条違反について、「本件規定は、夫婦が夫又は妻の氏を称するものとしており、夫婦がいずれの氏を称するかを夫婦となろうとする者の間の協議に委ねているのであって、その文言上性別に基づく法的な差別的取扱いを定めているわけではなく、本件規定の定める**夫婦同氏制それ自体に男女間の形式的な不平等が存在するわけではない**。我が国において、夫婦となろうとする者の間の個々の協議の結果として夫の氏

を選択する夫婦が圧倒的多数を占めることが認められるとしても、それが、本件規定の在り方自体から生じた結果であるということはできない」としました。

　さらに、憲法24条違反の主張について、24条は結婚や家族制度をどのようにするかについて国会の裁量に委ねるものの、その際に個人の尊厳と両性の本質的平等などに配慮すべきだという立法の指針を与えた規定である、としました。そして、最高裁は、つぎのように述べました。「婚姻に伴い夫婦が同一の氏を称する夫婦同氏制は…明治31年に我が国の法制度として採用され、我が国の社会に定着してきたものである。…氏は、家族の呼称としての意義があるところ、現行の民法の下においても、家族は社会の自然かつ基礎的な集団単位と捉えられ、その呼称を一つに定めることには合理性が認められる。そして、夫婦が同一の氏を称することは、上記の家族という一つの集団を構成する一員であることを、対外的に公示し、識別する機能を有している。特に、婚姻の重要な効果として夫婦間の子が夫婦の共同親権に服する嫡出子となるということがあるところ、嫡出子であることを示すために子が両親双方と同氏である仕組みを確保することにも一定の意義があると考えられる。

　また、家族を構成する個人が、同一の氏を称することにより家族という一つの集団を構成する一員であることを実感することに意義を見いだす考え方も理解できるところである。さらに、夫婦同氏制の下においては、子の立場として、いずれの親とも等しく氏を同じくすることによる利益を享受しやすいといえる。…しかし、夫婦同氏制は、婚姻前の氏を通称として使用することまで許さないというものではなく、近時、婚姻前の氏を通称として使用することが社会的に広まっているところ、上記の不利益は、このような**氏の通称使用が広まることにより一定程度は緩和され得る**ものである。

　…以上の点を総合的に考慮すると、本件規定の採用した夫婦同氏制が、夫婦が別の氏を称することを認めないものであるとしても、上記のような状況の下で直ちに個人の尊厳と両性の本質的平等の要請に照らして**合理性を欠く制度であるとは認めることはできない**。したがって、本件規定は、憲法24条に違反するものではない*」。

　　*　最大判平成27.12.16. 民集69巻 8 号2586頁。

　なお、最高裁の裁判官15名のうち、 3 名いる女性裁判官全員を含む 5 名の裁判官が、民法750条が憲法24条に違反するという判断を示していることは、注目に値します。

第12章
自由に考え、表現する自由

1. 思想・良心の自由

（1）思想・良心の意味

信条説

　憲法19条は、思想・良心の自由を保障しています。思想とは人間の論理的で知的な判断の働きをいい、良心とは倫理的で主観的な判断の作用を指すといえますが、多数説はこれを厳密に区別していません。

　それよりも重要なのは、思想・良心の自由が保障される範囲です。それは、世界観とか人生観や政治的意見などのように、その人が生きていく上で譲_{ゆず}ることのできない人格の核心に関係するものに限定されるという「**信条説**」と、それに限定せずに広く心の中にある、ものの見方、考え方にも及ぶという「**内心説**」とが対立しますが、前者の信条説が通説といえます。

沈黙の自由

　この思想・良心の自由は、人間の内面的な精神活動の自由を保障するものですから、それが内心にとどまる限り絶対的に保障されます。つまり、公の権力が、①一定の思想・良心をもつことを禁止したり強制したりすること、②特定の思想・良心をもっていることを理由として不利益を課すこと、③思想・良心の告白を強制すること、は禁止されます（**沈黙の自由**）。江戸時代におこなわれたキリスト教弾圧のための「踏み絵」などは、個人の信仰の告白を強制するものとして許されないことはいうまでもありません。公立の幼稚園、学校の受験の問い合わせや面接などの際、受験者の思想・良心の告白を強制するかのように受けとられることは避けなければなりません。教員、保育者が注意すべき点は、園児やその保護者に対して、購読している新聞や尊敬している人物、政治的事件に対する評価などを聞くことも控える必要があるでしょう。

謝罪広告の強制は許されるか

　衆議院議員総選挙の選挙運動の中で、候補者のＸは、対立候補者Ｙが副知事をしていた時に汚職をしていたという事実をラジオや新聞で公表しました。Ｙは、これを名誉毀損にあたるとしてＸを訴えました。第１審、第２審判決とも名誉毀損を認め、裁判所は、Ｘの名前で新聞紙上に「**謝罪広告**」を掲載するように命じました*。これに対して、Ｘは自分が公表した事実は真実であり、それは国民の幸福のためになされたものだという確信をもっているから、自分のまったく意図しない考えを自分の名前で新聞に「謝罪広告」という形で掲載を強制する判決は、良心の自由を侵害するとして争いました。

> 　*　謝罪広告とは、名誉を侵害された場合、加害者が被害者の名誉を回復するための措置として新聞などに掲載する謝罪の広告をいいます。民法723条は、裁判所は、被害者の請求により、損害賠償に代えて、または損害賠償とともに、名誉を回復するのに適当な処分を命ずることができる、と定めています。

　最高裁は、謝罪広告のなかには、それを強制すれば良心の自由を不当に制限することになる場合もありうることを述べた上で、今回の事件については、「**単に事実の真相を告白し陳謝の意を表明するに止まる程度**」であり、謝罪広告を命じたとしても思想・良心の自由を侵害したことにはならない、と判断しました**。

> 　**　最大判昭和31.7.4. 判例時報80号３頁。この判決には、謝罪という倫理的な意思の表明を強制することは良心の自由を侵害し、憲法19条に違反するという反対意見が示されました。

（２）思想・良心の自由の内容と限界

　少し前になりますが、学校教育の場での国旗「日の丸」の掲揚や国歌「君が代」の斉唱、それに伴うピアノ伴奏や起立斉唱が問題となりました。文科省の告示である「学習指導要領」には、「入学式や卒業式などにおいては、その意義を踏まえ、国旗を掲揚するとともに、国歌を斉唱するよう指導するものとする」と定められており、各教育委員会はこの規定に基づいて、入学式や卒業式のような式典では国歌斉唱などを徹底するよう各学校に指示がおこなわれています。

「君が代」ピアノ伴奏事件

　東京都日野市立の小学校では、平成7年以降、入学式と卒業式において音楽専科の教諭のピアノ伴奏により「君が代」斉唱がおこなわれてきました。校長は、例年通り平成11年度の入学式でも「君が代」斉唱をおこなうこととして、同校の音楽専科の教諭X（女性）に**ピアノ伴奏**を命じましたが、Xは、この命令は憲法19条の思想・良心の自由を侵害するとして、この職務命令を拒否しました。Xは、職務命令違反を理由に東京都教育委員会から戒告処分*を受けました。これに対して、Xは、教育委員会に対して、このピアノ伴奏を命ずる職務命令は、思想・良心の自由を侵害するものとして処分の取消しを求めて訴えました。

> ＊　公務員が職務上の義務に違反した場合、懲戒処分を受けることがあります。懲戒処分には、免職、停職、減給、戒告があります（国家公務員法82条、地方公務員法29条）。戒告とは、義務違反の責任を確認して本人の将来を戒める旨の申し渡しをする処分を意味します。

　最高裁は、「本件職務命令は、…公立小学校における儀式的行事において広く行われ、（この）小学校でも従前から入学式等において行われていた国歌斉唱に際し、音楽専科の教諭にそのピアノ伴奏を命ずるものであって、Xに対して、特定の思想を持つことを強制したり、あるいはこれを禁止したりするものではなく、特定の思想の有無について告白することを強要するものでもなく、児童に対して一方的な思想や理念を教え込むことを強制するものとみることもできない。…本件職務命令は、Xの思想及び良心の自由を侵すものとして憲法19条に反するとはいえない**」としました。

> ＊＊　最判平成19.2.27.判例時報1962号3頁。

起立斉唱事件

　これと似ているものに、君が代斉唱の際に起立しなかった都立高校の教諭への戒告処分が問題とされた事件があります。ここで問題となっているのは、上に見たピアノ伴奏が職務として想定される音楽専科の教諭ではなく、起立斉唱が「日常担当する教科や日常従事する事務の内容それ自体には含まれない」一般の教員であり、しかも、通常は**起立斉唱**の行為には、一定の敬意の表明の要素が含まれている、という点でした。

　最高裁は、この点について、起立斉唱行為は「その者の思想及び良心の自由についての**間接的な制約**となる面がある」と述べ、このような場合には職務命令の目的、内容、制約の態様などを総合的に考えて、上記の制約を許容できる程度の**必要性**と**合理性**が認

められるかという観点から判断するのが相当である、としました。そこで、高校教育と
卒業式の意義、地方公務員の地位の性質と職務の公共性、生徒への配慮を含めた行事に
ふさわしい秩序の確保、式典の円滑な進行などの諸事情を踏まえると、本件職務命令に
は上記の制約を許容できる程度の必要性と合理性が認められるとして、この職務命令は
憲法19条に違反するとはいえない、との判断を示しました*。

> ＊　最判平成23.5.30. 判例時報2123号 3 頁。

2．信教の自由と政教分離

（1）信教の自由の内容と限界

　憲法20条 1 項前段と 2 項は、信教の自由を保障していますが、それには信仰の自由、
宗教的行為の自由、宗教的結社の自由が含まれます。**信仰の自由**には、信仰をもつ（も
たない）自由、信仰を告白する（しない）自由が含まれ、これらは内心の自由として絶
対的に保障されます。**宗教的行為の自由**には、宗教上の儀式・行事や布教・宣伝をおこ
なう自由が含まれると同時に、宗教上の行為に参加を強制されない自由を含みます。**宗
教的結社の自由**とは、特定の宗教を宣伝したり、共同で宗教活動をおこなうことを目的
とする宗教団体を結成する自由をいいます。

加持祈祷（かじきとう）事件

　信仰が心の中にとどまる限りは、絶対的に保障されますが、それが宗教的行為として
外部に及ぶと、他者の権利・利益や社会秩序を侵害したりするおそれがあるので、絶対
無制限というわけにはいかず、一定の制限を受けることになります。
　真言宗（しんごん）の僧侶（そうりょ）で**加持祈祷****を仕事としていた X は、精神障害を患（わずら）う女性 Y （18歳）
の母親から娘の病気を治してもらいたいとの依頼を受けて、密室において約 3 時間にわ
たり、Y の身体の近くで「線香護摩（ごま）」を焚（た）き、苦しむ Y を無理やり押さえ込んだた
め、Y は急性心臓麻痺により死亡しました。そのため、X は傷害致死罪（刑法205条）
で起訴されました。

> **　加持祈祷とは、病気や災難などをはらうためにおこなう祈祷またはその儀式。密
> 教で重視されます。

　ここでは、宗教的行為を処罰することが信教の自由に違反しないか、が争われまし

た。最高裁は、本件の行為が「一種の宗教行為としてなされたものであったとしても、それが…他人の生命、身体等に危害を及ぼす違法な有形力の行使に当るものであり、これにより Y を死に致したものである以上、X の右行為が著しく反社会的なものであることは否定し得ないところであって、憲法20条１項の信教の自由の保障の限界を逸脱（いつだつ）したものというほかはな*」いと述べて、これを処罰したことは憲法に反するものでない、としました。

> * 加持祈祷事件・最大判昭和38.5.15. 判例時報335号11頁。

牧会活動事件（ぼっかい）

高校２年生の A と B は、全国的な学園紛争の影響を受けて、仲間とともに在学している高校の封鎖を計画・実行する事件を起こし、そのため建造物侵入、凶器準備集合罪などの嫌疑（けんぎ）をかけられて逃走中でした。X は、A の母が信徒であるキリスト教会の牧師でした。X は、かねてから母子家庭である A の保証人になったり、日常の相談相手になっていました。

そのような状況の下、X は A の母から A と B が密かに教会に戻ったことを告げられ、２人を説得してほしいと頼まれました。そこで、X は両少年の事件への関与を知りながら、牧師として２人の魂の救済（牧会活動）の必要から、２人の逃亡の防止と更生のためには反省の時間と場所が必要と考え、逃走中の A、B を１週間にわたり教会施設にかくまい、捜索に来た警察官に対して２人の所在を「知らない」と返答しました。A と B は、X の説得の結果、事件の８日後に警察に自首しましたが、X は犯人蔵匿の罪（ぞうとく）（刑法103条）で起訴されました。

裁判所は、宗教行為の自由の制約は、内面的な信仰の自由を侵（おか）すおそれがあるので、最大限慎重な配慮を必要とするとしたあと、つぎのように述べました。X の行為は「専（もっぱ）ら X を頼って来た両少年の魂への配慮に出た行為というべく、…目的において相当な範囲にとどまったもの」で、その手段は「両少年を取り巻く…諸般の事情を考え、彼等の将来に思いを致せば、…右処置以外に適当な方途（ほうと）を見出すことは至難（しなん）の業であった」し、「正に緊急を要する事態でもあった」。捜査の支障は「大きくは彼等が人間として救済されたこと、小さくは彼等の行動の正常化による捜査の容易化等の利益と比較衡量（りょう）（こう）するとき、X の右牧会活動は、国民一般の法感情として社会的大局的に許容しうるものである」から、「正当な業務活動として罪とならない**」。

> ** 牧会活動事件・神戸簡判昭和50.2.20. 判例時報768号３頁。

　この二つの判決を考えてみると、加持祈祷事件の場合は傷害致死という個人の利益の侵害であり、牧会活動事件の場合は犯人蔵匿という国の利益を侵害するものであったことが大きいと思われます。さらに、後者では高校生２人が自主的に警察に出頭したことで捜査の支障が小さかったことがあげられます。もし、牧師の活動が失敗した場合でも同じ判決になったかどうかは疑問が残るところだと思います。

（２）政教分離の意味

国家と宗教団体との分離

　憲法20条１項後段は、「いかなる宗教団体も、国から特権を受け、又は政治上の権力を行使してはならない」と定め、３項は「国及びその機関は、宗教教育その他いかなる宗教的活動もしてはならない」と定めています。また、憲法89条は宗教上の組織・団体への公金の支出を禁止しています。

　この政教分離の原則は、正確には国家と宗教団体との分離を制度として保障することを意味します。なぜ、国家と宗教団体とを分離するのかといえば、**宗教**というものは、一般に絶対的な権威（神・仏・教祖）への服従（帰依）を含み、信者の生命までも支配するものです。これに対して、**民主政治**というものは、自分の意見を最後まで固執する態度ではなく、自分とは異なる相手の主張も十分に聞いて、その間で歩み寄りをはかるのが基本です。つまり、妥協を許さずに、絶対に自分の信仰を主張する宗教の立場は、民主政治の「**相対主義**」に反するのです。だから、かりに国や地方公共団体が特定の宗教団体と結びつくと、民主政治の基盤が壊されるだけでなく、その宗教団体以外の宗教的少数者の信教の自由が侵害される危険が出てきます。

国家の宗教的中立性

　この意味から、国と宗教団体との分離が大切になりますが、かといって国と宗教との関わり合いを一切排除することは困難であり、また不合理でもあります。たとえば、神社のお祭に出される御神輿や山車の行列について警察官が交通整理にあたることや、国公立の図書館や公民館の玄関に門松やクリスマスツリーを飾ること、公立高校の校長室に合格祈願の絵馬を置いたり、政府の公用車に交通安全のお守りをつけることすら許されない、などということになりかねません。そこで、国と宗教団体との結びつきがどの程度許されるのか、が問題となります。

津地鎮祭事件

最高裁は、三重県の津市が市立の体育館の起工式に際して、地元神社の神職（神主）による地鎮祭をおこない、その費用（7,663円）を公費で支払ったことが、政教分離原則に違反するかが争われた事件について、つぎのように述べています。

その行為の「目的が宗教的意義をもち、その効果が宗教に対する援助、助長、促進又は圧迫、干渉等になるような行為」が、憲法20条3項により禁止されている「**宗教的活動**」にあたる。これを津市の地鎮祭の事件にあてはめると、本件の地鎮祭は、宗教とのかかわり合いをもつことは否定できないが、その目的は建築着工に際して土地の平安、工事の無事安全を願い、社会の一般的慣習にしたがった儀礼をおこなうという世俗的なものと認められ、その効果は神道を援助、助長、促進するとは認められないから、憲法20条3項により禁止される宗教的活動にはあたらない、としました*。

> ＊　津地鎮祭事件・最大判昭和52.7.13. 判例時報855号24頁。

このように、国と宗教（団体）とのかかわり合いは一切許されないとするのではなく、その行為の目的と効果を考えて判断するという手法がとられました。これを「**目的効果基準**」といい、その後の多くの裁判の判断基準として定着しました。

その他の判例

殉職した自衛官を隊友会山口支部連合会が自衛隊山口地方連絡部の協力を得て、山口県護国神社に合祀したので、熱心なキリスト教信者であった妻が精神的損害の賠償と合祀手続の取消しを求めた事件**、箕面市が小学校の増改築のために、遺族会が所有する忠魂碑を別の市有地に移転・再建したところ、その費用と市有地の無償貸借行為が政教分離原則に違反しないかが争われた事件***、大阪市が町会の地蔵像建立・移設のために市有地を無償貸与した行為が政教分離に違反するかが争われた事件****などでは、目的効果基準を用いて政教分離原則に違反しないとされました。

> ＊＊　　山口県自衛官合祀事件・最大判昭和63.6.1.
> ＊＊＊　箕面市忠魂碑事件・最判平成5.2.16.
> ＊＊＊＊大阪地蔵像事件・最判平成4.11.16.

剣道実技拒否事件

また、神戸市立の高等専門学校に通学していた学生が、自分の信仰する宗教（エホバの証人）の教えに基づいて、必修科目である剣道実技を拒否したため、原級留置とされたのち退学処分を受けました。学生は、この退学処分が信教の自由を侵害するとし

て、処分の取消しを求めて争った事件があります。

　最高裁は、高等専門学校では剣道実技が必須のものとまではいえないこと、学生の剣道実技拒否の理由は信仰の核心部分と密接に関係すること、他の学生に不公平感を生じさせないような適切な方法での代替措置は、その目的において宗教的意義をもち、特定の宗教を援助、助長、促進する効果を有するものでないこと、学生本人の説明する宗教上の信条と履修拒否との関連性を確認する程度の調査は、公教育の宗教的中立性に反するとはいえないことなどから、学校側の措置（退学処分）は「社会観念上著しく妥当を欠く」処分であり、「裁量権の範囲を超える違法なもの」である、としました[*]。

　　*　剣道実技拒否事件・最判平成8.3.8

愛媛玉串料事件

　ところが、愛媛県が靖国神社の春秋の例大祭とみたま祭に玉串料を奉納したことが、政教分離原則に違反するかが争われた事件について、最高裁は目的効果基準によりつつ、県の行為は特定の宗教団体を特別に支援しており、他の宗教団体とは異なる特別のものであるとの印象を与え、特定の宗教への関心を呼び起こす効果を及ぼしたとして、憲法が禁止する「宗教的活動」にあたる、としました[**]。

　　**　愛媛玉串料事件・最大判平成9.4.2.

3．表現の自由

（1）表現の自由の意義とその制約

表現の自由の優越的な地位

　表現の自由とは、個人が自分の心の中の思想や意見を外部に表明して、他者に伝達する自由をいいます。

　表現の自由の意義は、①個人が自由な言論を通して自己の人格を発展させるという個人的価値（自己実現の価値）、②自由な言論活動によって国民が政治的な意思決定に参加するという民主政治の実現に不可欠な社会的価値（自己統治の価値）があります。この意味から、ほかの自由と比べて一段階**優越的な地位**にある権利として、手厚く保障されなければなりません。

二重の基準の理論

しかしながら、表現の自由といえども無制限ではなく、他の人の権利や社会的利益と衝突することもあるから、一定の制約に服することになります。ただ、その場合でも、表現の自由を規制・制限する法令の合憲性は、経済的自由を規制・制限する法令よりも厳格な基準によって審査されなければならない、というのが多数説の立場です。これを「**二重の基準の理論**」といいます。

ガラスの花ビン

その理由は、言論、出版などの表現の自由が、いったん制限されてしまうと、自由で民主的な政治決定のプロセス（自由な議会制民主主義）そのものが壊されてしまうからです。民主的な政治決定のプロセスが健全に機能しているかぎり、かりに経済的自由の規制・制限がいきすぎた場合には、議会における自由な議論によって、いくらでも訂正したり修正したりすることができます。

しかし、その自由な議論自体ができなくなると、取りかえしがつかなくなります。その意味から、表現の自由を「ガラスの花ビン」、経済的自由を「鉄の花ビン」にたとえることは正しいものを含んでいると思います。

その意味から、学者の間では、表現行為がなされる前に、公権力が何らかの方法でこれを抑制することは許されないこと（**事前抑制の禁止**）や、精神的自由を制限する法律は明確でなければならないこと（**明確性の原則**）などが、指摘されています。

（2）検閲の禁止

憲法21条2項は、検閲を禁止しています。**検閲**とは、「行政権が主体となって、思想内容等の表現物を対象とし、その全部または一部の発表の禁止を目的として、対象とされる一定の表現物につき網羅的一般的に発表前にその内容を審査したうえ、不適当と認めるものの発表を禁止すること*」をいい、絶対的に禁止されます。

> ＊　税関検査事件・最大判昭和59.12.12.

この定義で明らかなことは、検閲の主体は行政権ですから、裁判所による発表の事前差し止めは検閲にはあたらないということです。

北方ジャーナル事件

雑誌『北方ジャーナル』は、北海道知事選挙の立候補予定者Yを批判攻撃する記事を掲載しようとしていたところ、これを知ったYは、その印刷、頒布の禁止を命ずる仮処分を札幌地裁に申請しました。地裁がこれを認めたので、北方ジャーナル社の代表

取締役 X は、雑誌が出る前にこれを差し止めることは、憲法が禁止する検閲にあたり許されないこと、検閲にあたらないとしても、事前抑制として憲法21条に違反するので許されないとして訴えを起こしました。

　この事件について、最高裁は、仮処分による事前差し止めは、個別的な私人間の紛争について司法裁判所が審査するものだから、検閲にはあたらない。しかし、表現行為に対する事前抑制は、検閲を禁止する憲法21条の趣旨に照らして、厳格で明確な要件のもとにおいてのみ許される、としました。そして、表現行為に対する事前差し止めは原則として許されないけれども、「その表現内容が真実でなく、又はそれが専ら公益を図る目的のものでないことが明白であって、かつ、被害者が重大にして著しく回復困難な損害を被る虞があるときは」、例外的に許されるとしました*。

　　　*　北方ジャーナル事件・最大判昭和61.6.11.

税関検査事件

　関税法は、公安や風俗を害するような書籍、写真などの物品、児童ポルノなどの輸入を禁止しています。空港などでおこなわれる**税関の検査**が、検閲にあたるかが争われましたが、最高裁は、税関検査で輸入が禁止される表現物は国外で発表済みであること、検査が関税を徴収する手続としての検査であること、裁判所での審査の機会が与えられていること、などを理由に検閲にはあたらない、としました**。

　　　**　税関検査事件・最大判昭和59.12.12.

教科書検定事件

　小・中・高校で使われる教科書については、文科省による**教科書検定制度**があり、検定に合格しない限り教科書として使えないしくみになっています。この検定制度が検閲にあたらないかが争われた事件について、最高裁は、教科書は児童・生徒の発達段階にそった適切なものでなければならないこと、教育の中立・公正を確保するとともに全国で一定水準の確保をしなければならないこと、検定で不合格となっても一般の図書として発表できることなどを理由に、教科書検定制度は検閲にはあたらず、合憲であるとしました***。

　　　***　第 1 次家永教科書事件・最判平成5.3.16. 判例時報1456号97頁。

第13章

最低限度の生活を営む権利

1．生存権

社会権の登場

　憲法25条1項は、「すべて国民は、健康で文化的な最低限度の生活を営む権利を有する」と定めていますが、これは26条から28条までの社会権の総則的規定といわれます。

　社会権とは、政府の積極的な政策によって国民が生きていく上で不可欠な諸条件の保

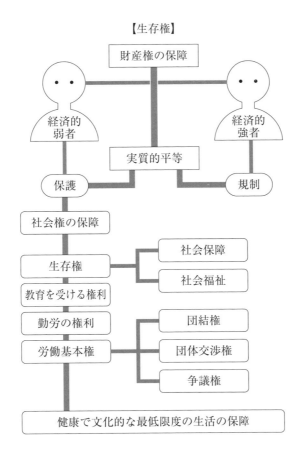

【生存権】

障を要求する権利の総称であり、その点で国家権力が国民生活に介入、干渉することを拒否する自由権とは根本的に異なります。

夜警国家の時代

　歴史を振り返ると、19世紀までは、政府はできる限り国民生活に介入することを避け、国民の自由権とくに経済的自由や財産権を保障することが求められました。人々は自分の努力とアイディアで自由に経済活動をおこなうことによって、自分の利益を最大限に追求することが可能でした。そして、各個人が自己の利益を追求すれば、結果として社会全体において適切な資源配分が達成され、価格のメカニズムの働きによって需要と供給が自然に調節されると考えたのです。つまり、社会は見えない手によって調和が保たれると考えられていました（アダム・スミスの『国富論』）。

　このような時代は、自由主義国家の時代あるいは**夜警国家**の時代と呼ばれました。政府は余計なことはせず、個人が自由にその経済活動をおこなえるように、政府の役割は、軍による外敵からの防衛、警察による国内の治安維持、個人の私有財産に対する侵害の除去など、必要最小限の任務にとどまるべきだとされました*。

> ＊　夜警国家という語は、ドイツの国家社会主義者ラッサール（F. Lassalle1825-1864）が、自由主義国家を私有財産の番人、深夜のガードマンとして批判したことに由来するといわれます。

福祉国家の時代

　ところが、20世紀に入ってからの資本主義経済の発展は、経済恐慌や不景気による大量の失業者を生み出し、貧富の格差が大きくなり、自分の努力だけでは貧困を抜け出せない多くの社会的・経済的弱者を出現させました。このような状況に直面した国民は、政府に対して自由主義経済の行き過ぎを是正し、社会正義の実現を図るため、国民生活の各分野に政府が積極的に介入することを求めるようになりました。

　そこでは、社会的・経済的弱者に対しては単なる恩恵的な救済をおこなうのではなく、すべての国民に「人間に値する生活を営む権利」を保障し、個人に負わされていた生活に対する責任を、同時に社会全体にも負わせようと考えたのです。このような時代を、**社会国家**の時代あるいは**福祉国家**の時代と呼びます。

ワイマール憲法

　このような時代の中で、世界で初めて社会権の規定を憲法に登場させたのは、ドイツのワイマール憲法（1919年）でした。**ワイマール憲法**151条は、「経済生活の秩序は、すべての者に**人たるに値する生活を保障する目的**をもつ正義の原則に適合しなければなら

ない。この限度内で、個人の経済活動は確保される」と定め、153条は「**所有権は義務を伴う**。その行使は同時に公共の福祉に役立つべきである」と定めました。

　経済的弱者を保護し、経済の均衡ある発展を確保するためには、経済的自由に対して一定の制限を加えることが必要になります。たとえば、中小の小売業を保護・育成するために大規模小売店の営業を規制したり、中小企業や消費者の利益を保護するために私的独占や不当な取引を禁止したりすることなど、がこれにあたります。この考え方は、第2次世界大戦後、多くの国家の憲法に取り入れられました。日本国憲法25条以下の社会権規定も、この流れの中で理解できるのです。

２．社会権の法的性質

国の財政状況

　上に見たように、福祉国家の理念からすれば、国家（政府）はその責務として、すべての国民に対して「人間に値する生活」を保障するよう努力することが求められます。しかし、その生活保障の程度は、その時々の国の財政状況や政府の財政能力、国民生活の状況などに基づいて、とくに国会と政府が具体的に判断するもので、政治責任を負わない裁判所が、国会に対して指示することができるような性質の事柄ではありません。

抽象的権利としての社会権

　社会権の法的性質について、今日では、その権利性を全面否定する見解（**プログラム規定説**）は見あたりませんが、国会が適切な法律を作らない場合、裁判所の判決によって法律を作らせることができるという見解（**具体的権利説**）には、相当問題があるように思われます。

　というのは、裁判所には国の財政を左右する権限はなく、政策の決定に必要な資料を十分もっていないことから、裁判官にこのような決定を委ねることは、三権分立をとる憲法全体の構造からも問題です。憲法は、社会権の具体化（たとえば、生活保護費の支給額や各種年金制度とその支給額など）は、広い視野と十分な資料をもち、なおかつ、国民に政治責任を負う立場にある国会と政府の決定に委ねている、と考えるべきでしょう。

　このように考えると、社会権は憲法の上で保障された権利ではありますが、それは抽象的なものであり、これを現実の権利として行使するためには、憲法上の権利を具体化する法律が必要である、ということになります（**抽象的権利説**）。この見解が、今日の通説と判例の立場です。

朝日訴訟

　肺結核のため、国立岡山療養所に入所していたＸ（朝日茂）は、独身で収入もなかったため、生活保護法により無料の医療扶助と、当時の保護基準で定められていた月600円の生活扶助を受けていました。ところが、35年間連絡がとれなかった実の兄が見つかり、その兄から毎月1,500円の仕送りを受けられることになったので喜びました。これに対して、社会福祉事務所長は、これまでＸが受けていた生活扶助を廃止し、仕送りの額1,500円から日用品費600円は手元におくことを認めた上で、残りの900円は、これまで無料であった医療費の一部自己負担額として本人に負担させる、という決定をしました*。これに対して、Ｘは、せめて1,000円は手元に残してほしいと考え、厚生大臣（当時）の定める保護基準（月額600円）は、「健康で文化的な最低限度の生活」を営むにはあまりにも低額であるとして、生活保護額を減らした今回の保護変更決定が違法であるとして争いました。

> ＊　生活保護法４条は「保護は、生活に困窮する者が、その利用し得る資産、能力その他あらゆるものを、その最低限度の生活の維持のために活用することを要件として行われる」と定め、民法に定める扶養義務者の扶養は生活保護に優先する、としています。

　最高裁は、裁判中にＸが死亡したので訴訟は終了した、という判決を下したのですが、「念のため」として争点についての見解を示しました。

　判決は、憲法25条は「すべての国民が健康で文化的な最低限度の生活を営み得るように国政を運営すべきことを国の責務として宣言したにとどまり、直接個々の国民に対して具体的権利を賦与したものではない」。「具体的権利としては、憲法の規定の趣旨を実現するために制定された生活保護法によって、はじめて与えられている」と述べ、具体的権利性を否定しました。

　しかし、判決は、何が健康で文化的な最低限度の生活であるかの認定判断は、厚生大臣の裁量に委ねられているとしながらも、その判断が、「現実の生活条件を無視して著しく低い基準を設定する等憲法および生活保護法の趣旨・目的に反し、法律によって与えられた裁量権の限界をこえた場合または裁量権を濫用した場合には、違法な行為として司法審査の対象となることをまぬかれない」と述べました。そして、今回の生活扶助基準が、患者の最低限度の日用品費を支弁するに足りるとした厚生大臣の認定判断は、与えられた裁量権の限界を超え、または裁量権を濫用した違法があるとはとうてい断定できない、としました**。

**　朝日訴訟・最大判昭和42.5.24. 判例時報481号 9 頁。

堀木訴訟

　視力障害者として障害福祉年金を受給していた X（堀木フミ子）は、離婚して次男を養育することになったため、児童扶養手当の支給を申請したのですが、兵庫県知事は児童扶養手当法の併 給 禁止規定に基づいて申請を認めない決定をしました。この併給禁止規定が憲法14条と25条に違反するとして提訴したのが、この事件です。

　最高裁は、憲法25条にいう「『健康で文化的な最低限度の生活』なるものは、きわめて抽象的・相対的な概念であって、その具体的内容は、その時々における文化の発達の程度、経済的・社会的条件、一般的な国民生活の状況等との相関関係において判断決定されるべきものであるとともに、右規定を現実の立法として具体化するに当たっては、国の財政事情を無視することができず、また、多方面にわたる複雑多様な、しかも高度の専門技術的な考察とそれに基づいた政策的判断を必要とするものである」。したがって、「具体的にどのような立法措置を講ずるかの選択決定は、立法府の広い裁量にゆだねられており、それが著しく合理性を欠き明らかに裁量の逸脱・濫用と見ざるをえないような場合を除き、裁判所が審査判断するのに適しない事柄であるといわなければならない*」と述べました。

*　堀木訴訟・最大判昭和57.7.7. 判例時報1051号29頁。

3．教育を受ける権利

（1）憲法26条の意味

個人の人格形成と教育

　憲法26条は、「すべて国民は、法律の定めるところにより、その能力に応じて、ひとしく教育を受ける権利を有する」と定めています。個人の人格形成は、一定の知識と技能を身につけ、それぞれの能力を発揮させる過程を通じておこなわれるから、教育は個人の人格形成に不可欠なものといえます（学習権の観念）。この意味から、教育が一部の富裕層だけのものであってはなりません。能力はありながら、経済的理由で就学が困難な国民に対して、政府は教育施設（学校）を設置し、教員を配置して、必要な奨学金を

与える義務を負うことになります。

　教育を受ける権利は、一般に**生存権の文化的側面**であるといわれます。したがって、権利の性質は、生存権と同様に、国民が政府に対して教育の機会均等について必要な法律を作ることを要求する抽象的な権利をもつに過ぎないものであり、国民各個人が具体的な教育費を請求できるとか、特定の学校に入学できるとかという具体的な権利を認めたものではありません。

教育の義務の内容

　26条2項は、「すべて国民は、法律の定めるところにより、その保護する子女に普通教育を受けさせる義務を負ふ。義務教育は、これを無償とする」と定めています。教育の義務の具体的内容は、教育基本法と学校教育法に定められています。すなわち、子の保護者である国民（親権者または後見人）は、その子に普通教育を受けさせる義務があり、この就学義務に違反すると制裁が科されることになっています（学校教育法17条、144条*）。また、この義務の履行のため、市町村は経済的理由によって就学困難な子女の保護者に対して、必要な援助を与えなければならないことも規定されています（同法19条）。

> *　保護者が、子を小学校、中学校に就学させる義務の履行の督促を受け、なおこれを履行しない場合には10万円以下の罰金に処する、と定められています。

　また、義務教育は無償とするという意味は、**授業料を徴収しない意味**であるとされています**。

> **　最大判昭和39.2.26.

（2）教育権の所在

　ところで、子どもに教育を施す主体、つまり子どもに対する教育の内容を決めるのは誰なのかが問題となります。教育権（教育内容決定権）はどこにあるのかの問題は、これまで教科書裁判や学力テストなどについての教育裁判で長い間争われてきました。

　学説は、国民（教師）教育権説と国家教育権説とが対立してきました。

国民（教師）教育権説

　国民（教師）教育権説は、つぎのように主張します。

　①子どもに教育を施す責務は、親を中心とした国民全体にある。②公教育の場においても、親の子に対する教育権はなくならない。そして、親の子に対する教育権は個人的

なものであるから（これを「**教育の私事性**」といいます）、国家がこれに介入することはできず、国家ができるのは建物、設備などの教育の外的事項に限られる。③公教育の場では、親の教育権は、直接教育にたずさわる教師を通しておこなわれ、ここに国家が関与する余地はない。④教育内容の決定は、政党政治の下での多数決にはなじまず、教育は教師が国民全体に責任を負いつつおこなうべきものである。

国家教育権説

一方、国家教育権説は、つぎのように主張します。

①現代の民主主義国家においては、教育は国家社会の重大な関心事であり、ここでは、国が国民の付託にもとづいて、みずからの責任において公教育を実施する権限をもつ。②国は憲法26条に基づいて、国民に対して教育の機会均等、教育水準の維持向上を図る義務を負っている。③議会制民主主義の下では、国民の意思は国会を通して反映され、それに基づいて国会・内閣の決定に委ねられる。④国の教育行政においても、民主主義の原理が妥当し、国民に対して直接責任を負えるのは教師ではなく国（政府）である。

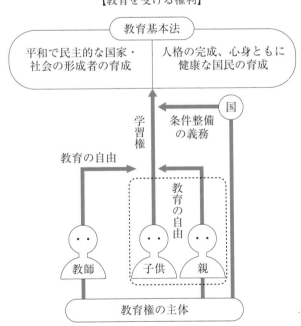

【教育を受ける権利】

旭川学力テスト事件最高裁判決

このような学説の対立について、最高裁は旭川学力テスト事件判決で、この二つの見解は「いずれも極端かつ一方的であり、そのいずれをも全面的に採用することはできない」と述べて、**折衷的な考え方**を示しました。

　まず、親については、「親の教育の自由は、主として家庭教育等学校外における教育や学校選択の自由としてあらわれる」とし、私学教育の自由や「教師の教授の自由も、それぞれ限られた一定の範囲においてこれを肯定するのが相当」としました。一方、判決は「国は、国政の一部として広く適切な教育政策を樹立、実施すべく、また、しうる者として、憲法上は、あるいは子ども自身の利益の擁護のため、あるいは子どもの成長に対する社会公共の利益と関心にこたえるため、必要かつ相当と認められる範囲において、教育内容についてもこれを決定する権能を有する」と述べました[*]。

　　*　旭川学テ事件・最大判昭和51.5.21.

（3）幼児教育の無償化

子どもの貧困

　平成29年、政府は幼児教育の無償化の方針を打ち出しました。高学歴の親に育てられた子どもは高学歴になることが多く、その逆のケースも統計的に明らかになっています。現代の日本でも、「子どもの貧困」の問題が社会問題となっています。

　幼児教育の無償化は、認可を受けた幼稚園、保育所、認定こども園を対象にするほか、認可外保育施設についても、住民税非課税世帯の０歳から２歳児までの幼児教育が対象となるとされています。憲法26条を受けて、教育基本法４条は、「すべて国民は、ひとしく、その能力に応じた教育を受ける機会を与えられなければならず、人種、信条、性別、社会的身分、経済的地位又は門地によって、教育上差別されない」と定めています。ここで注目されるのは、教育の機会均等を定める教育基本法が、憲法14条には列挙されていない「**経済的地位**」による差別の禁止を規定していることです。

幼児教育の無償化

　その意味から、子どもが育つ家計の状況によって、子どもが教育を受ける機会が奪われないように積極的に配慮することが政府の責務であり、そのための施策の一つとして幼児教育の無償化があるということです。政府においては、公平な学習環境を整備すること、とくに義務教育の基礎を培う保育、幼児教育の機会均等を保障することが何よりも重要な課題といえるでしょう。

第14章

統治のしくみ——国会・内閣・裁判所

1. 国会の地位と権能*

> ＊　権能とは、国または公共団体の機関に法令上認められている能力のことをいい、権
> 限とほぼ同じ意味に使われます。ただ、権限の場合には、主として、その機関の行為
> が国または公共団体の行為として法的な効力を発生させる範囲のことをいいます。

（1）国会の地位

権力分立の原理

　国家の権力が一人の人間または一つの国家機関に集中すると、権力の濫用が生まれ、国民の権利・自由が侵されるおそれがあります。そのため、国家の作用をその性質に応じて、立法、行政、司法に区別し、それらを異なる機関に担当させて、相互に**抑制と均衡（チェック・アンド・バランス）の関係**を保たせようとする制度が必要です。これを権力分立または三権分立の原理といいます。

　イギリスの哲学者ロック（J. Locke 1632-1704）とフランスの思想家モンテスキュー（C.L. Montesquieu 1689-1755）によって唱えられた権力分立論は、アメリカ合衆国憲法やフランス人権宣言に影響を与え、今日では世界の多くの憲法がこの原理を採用しています。日本国憲法も例外でなく、三権分立制を基本原理としています。つまり、立法権は国会に、行政権は内閣に、司法権は最高裁判所および下級裁判所に属する、としています。

国権の最高機関、唯一の立法機関

　憲法41条は「国会は国権の最高機関」であると規定しています。上に見たように、権力分立の原理が、一つの国家機関＊が他の機関に優越することを禁止する趣旨だとすれば、立法権を担う国会が「最高」の機関だとすることは奇異なことです。学説の上で対

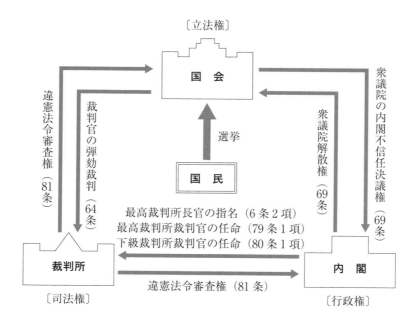

立はありましたが、今日では、「最高機関」という文言には法的な意味はなく、直接国民によって選挙される議員で構成される国会は国民に直結しているという意味から、国政の中心的地位を占めるという意味を強調する**政治的美 称**である、という説が通説です。

> ＊　機関とは、国や公共団体などの法人のために意思決定や行為をおこなう一人または
> 　　複数の者をいいます。

　また、41条は、国会を「国の唯一の立法機関である」と定めています。立法とは、法律を制定することをいいますが、ここにいう法律とは名称が「法律」とされているものではなく、国民の権利を制限したり、義務を課したりする法規範を意味します。このような内容を決められるのは、国民の代表で構成される国会のみであるという意味です。

国会中心立法の原則

　ところで、「唯一の」という意味は、第1に、立法の権能は国会が独占し、他の機関による立法権を認めないという意味です（**国会中心立法の原則**）。明治憲法にあった独立命令（9条＊）や緊急命令（8条＊＊）は認められず、内閣が発する命令は法律を執行するもの（執行命令）と法律の具体的な委任に基づくもの（委任命令）に限られます。この原則の憲法上の例外としては、議院規則（58条2項）と最高裁判所規則（77条1項）があげられます。

> ＊　明治憲法9条「天皇ハ…公共ノ安寧秩序ヲ保持シ及臣民ノ幸福ヲ増進スル為ニ必要

　　ナル命令ヲ発シ又ハ発セシム」
**　明治憲法8条「天皇ハ公共ノ安全ヲ保持シ又ハ其ノ災厄ヲ避クル為緊急ノ必要ニ
由リ帝国議会閉会ノ場合ニ於テ法律ニ代ルヘキ勅令ヲ発ス」

国会単独立法の原則

　第2に、国会による立法は、他の機関の関与を必要としないで成立することを意味します（**国会単独立法の原則**）。明治憲法には、法律の成立要件として天皇による裁可という手続がありました（6条）。日本国憲法では、天皇に裁可権はありません。法律案は「両議院で可決したとき法律となる」（59条1項）とされます。ただし、憲法は「一の地方公共団体のみに適用される特別法」については、国会の議決だけでは成立せず、その地方公共団体の住民の投票において過半数の同意を必要とするとして、憲法上の例外を定めています（95条）。

（2）国会の権能

法律案の議決権（59条）

予算の議決権（60条）

条約の承認権（61条）

内閣総理大臣の指名権（67条）

憲法改正の発議権（96条）
弾劾裁判所の設置権*（64条）

　*　弾劾とは、行政部の高官や特別の身分保障を受ける裁判官などの公務員が、重大な法律上の義務違反や非行を犯したとき、国民の意思を代表する議会が、これを追及して処罰する制度をいいます。

（3）衆議院の優越と議院の権能

衆議院の優越

　衆議院の優越は、つぎの4点で認められます。

　①**法律案の議決**について、衆議院で可決された法律案を参議院が否決したり、60日以内に議決しなかったため否決されたものとみなされた場合には、衆議院で出席議員の3分の2以上で再可決した場合、法律が成立します（59条2項）。この場合、各議院から選挙された各10名（合計20名）の協議委員で組織される両院協議会を開くかどうかは、自由に決められます。

②**予算の議決**については、先に衆議院で可決された予算を参議院が否決し、両院協議会でも意見が一致しなかったり、参議院が30日以内に議決しなかった場合には、衆議院の議決が国会の議決になります（60条）。

③**条約の承認**については、予算の場合と同じですが、衆議院の先議は要求されません（61条）。

④**内閣総理大臣の指名**については、両議院で異なった指名をしたとき、両院協議会で意見が一致しなかったり、衆議院での指名のあと、10日以内に参議院が指名の議決をしなかった場合、衆議院の議決が国会の議決となります。

なお、両院協議会には、必ず開く必要のある場合と任意的に開かれる場合とがあります。上の②③④の場合には、必ず開く必要がありますが、①については衆議院が3分の2以上の再可決という方法をとることができることから、任意的に考えてよいとされています。

議院の権能

両院制は、それぞれ別々に国王からの諮問*を受けたり、国王への要請をおこなうものとして発展してきたイギリス議会の歴史を背景にもっています。その意味から、議院の内部規律や内部の手続については、それぞれの議院が独自に決めて、他の議院の同意や関与を避ける傾向がありました。各議院に、規則制定権（58条2項）が認められ、議長その他の役員選任権（58条1項）、議員の資格争訟の裁判権（55条）と議員の懲罰権（58条2項）が認められていることは、憲法が**議院の自律権**を保障するものとして理解できます。

> *　諮問とは、特定の機関や有識者に対し、ある問題について意見を求めることを意味します。

ところで、憲法は各議院に**国政調査権**を与えています。憲法62条は「両議院は、各々国政に関する調査を行ひ、これに関して、証人の出頭及び証言並びに記録の提出を要求することができる」と定めています。この国政調査権は、議院に与えられた立法権、予算の審議、行政の監督などの権能を行使するために認められた**補助的権能**であるとされています。

国政調査権の範囲について問題となるのは、まず、司法権の独立との関係です。司法権の独立とは、裁判官が法律上、他の国家機関の指揮・命令に服することを否定するだけでなく、他の国家機関から事実上、重大な影響を受けることを禁ずる原則であるとされます。その意味からすれば、①特定の被告人が有罪かどうかを唯一の目的とする調

査、②現在係属中の裁判事件について、裁判官の訴訟の進め方を対象とする調査、③裁判の内容の当否を判断するための調査、などは認められないといえます。

　つぎに、検察権との関係も問題になります。検察作用は裁判と密接に関係する準司法作用ですから、司法権に似た独立性が認められる必要があります。その意味から、①起訴や不起訴に政治的圧力を加えるような調査、②捜査の続行に支障を及ぼすような調査、などは認められないといえます。

2．内閣の地位と権能

（1）行政権の意味と行政委員会

行政権とは

　憲法65条は、「行政権は、内閣に属する」と定めていますが、ここにいう「行政権」とは何を意味するかは難しい問題です。行政作用は複雑で多様な性質をもつものですから、はっきりとした定義をすることは困難だといわれます。たとえば、行政作用とは「国家の目的である社会的公益を目指す統一的な国家活動」と定義しても、あまり明確とはいえないことから、現在では、行政権とは国家の作用から立法作用と司法作用を除いたものとする見解（**控除説**）が一般的になっています。

独立行政委員会

　ところで、行政権は内閣に属するといっても、すべての行政作用を内閣がおこなうわけではありません。戦後、アメリカの影響の下に、政党の圧力を受けず中立的な立場で、内閣からもある程度独立して職務をおこなう「**独立行政委員会**」が設置されました。たとえば、政治的な中立性が期待される人事院や公安委員会、高い専門性が必要とされる公正取引委員会、利害関係の調整をおこなうために公正さが求められる中央労働委員会などがこれにあたります。これらの独立行政委員会は、行政権は内閣に属する、という憲法65条に違反しないかが問題とされました。

　学説の多くは、これらの委員会は、①内閣による委員の任命権や予算権があること、②内閣からの独立が認められる合理的理由があること、から憲法上問題はないとされています。

（２）議院内閣制

議院内閣制の特徴

　各国の憲法は、権力分立制を採用しながらも、それぞれの国の歴史や伝統、政治事情によってさまざまな体制をとっています。現代では、大統領制、議院内閣制、議会統治制が見られます。議会と行政府との完全な分離を原則とする大統領制と比較すると、議院内閣制の特徴は、①立法府（議会）と行政府（内閣）が分離していること、②行政府の存立が議会の信任に基づいていること、の２点にあります。

憲法上の制度として議院内閣制

　日本では、明治憲法の下では議院内閣制は憲法上の制度とはされていませんでしたが、大正時代に政党政治が盛んになった頃に、議院内閣制に準じた政治慣行が見られた時期がありました。現在の日本国憲法では、憲法上の制度として議院内閣制を定めています。

　まず、憲法66条３項は「内閣は、行政権の行使について、国会に対し連帯して責任を負う」と定め、69条が「内閣は、衆議院で不信任の決議案を可決し、又は信任の決議案を否決したときは、10日以内に衆議院が解散されない限り、総辞職をしなければならない」と定めています。この２つの条文が、議院内閣制の総則的規定です。さらに、内閣総理大臣は国会議員の中から国会の議決で指名されること（67条１項）、内閣総理大臣と他の国務大臣の過半数は国会議員であること（68条１項）、大臣には議院へ出席する権利と義務があること（63条）の規定も、議院内閣制に関する重要な規定です。

（３）内閣総理大臣の地位と権限

内閣の首長

　内閣総理大臣は、内閣の首長として位置づけられています（66条１項）。明治憲法には、そもそも内閣制度についての規定がなく、内閣総理大臣の地位も他の国務大臣と対等とされていたために、とくに陸・海軍大臣と意見が対立するたびに、内閣の中をまとめきれずに総辞職するケースが少なくなかったのです。その反省から、日本国憲法では内閣総理大臣の権限を強くしました。なにより、「**内閣総理大臣は、国務大臣を任命する**」、「**内閣総理大臣は、任意に国務大臣を罷免することができる**」（68条）としたことは、内閣総理大臣の地位を格段に強化しました。

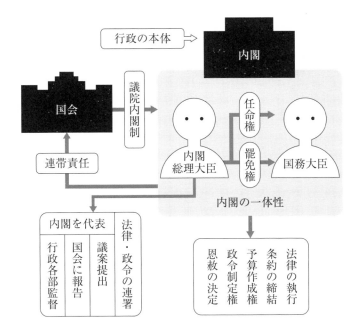

内閣総理大臣の権限

　14人から17人で組織される内閣は、合議体の形をとってはいますが、その構成員である国務大臣は内閣総理大臣が自由に任命し、意見の合わない大臣をいつでも自由に罷免できます。このような組織が合議体といえるかどうかは問題ですが、このほか内閣総理大臣の権限として、①国務大臣の訴追*同意権（75条）、②議案提出権（72条）、③行政各部の指揮監督権（72条）などがあります。

　　＊　訴追とは、検察官が刑事事件について公訴を提起（起訴）することをいいます。

（4）内閣の権能

憲法73条の行政事務

　憲法73条は、内閣の権能に属する事項として、一般行政事務のほか、重要なものをあげています。

　　①**法律を誠実に執行**し、国務を総理すること（1号）

　　②**外交関係を処理**すること（2号）

　　③**条約を締結**すること（3号）

　　④官吏に関する事務を 掌 理すること（4号）

　　⑤**予算を作成**して国会に提出すること（5号）

　　⑥憲法および法律の規定を実施するために、**政令を制定**すること（6号）

⑦大赦、特赦、減刑、刑の執行の免除および復権を決定すること（7号）

憲法上内閣の職権とされる事項

①天皇の国事行為に対する助言と承認（3条）

②国会に関する権限として、(a) 国会の臨時会の召集を決定すること、(b) 参議院の緊急集会を求めること、(c) 衆議院の解散を決定すること、(d) 国会に議案を提出すること、などがあります。

③裁判所に関する権限として、(a) 最高裁判所の長たる裁判官を指名すること、(b) 最高裁判所の長たる裁判官以外の裁判官および下級裁判所の裁判官を任命すること、があります。

④財政に関する権限として、(a) 予備費を支出すること、(b) 決算を国会に報告すること、などがあります。

3．裁判所の役割

（1）司法権の範囲と限界

①司法権の意味

　司法権とは、権利や義務にかかわる**具体的な争訟***において、法を適用することによって、これを裁定する国家の作用をいいます。ここにいう「具体的な争訟」とは、あくまでも法律上の争いであり、法律を用いて解決できないものは含まれません。たとえば、国家試験の不合格に納得がいかないからといっても、試験の判定は法律の適用外にありますから、法律による解決は不可能であり、裁判所がどうにかできる問題ではない、ということです。

> ＊　争訟は、訴訟よりも広い概念で用いられます。訴訟は争訟のうち訴訟手続によるものを指しますが、争訟は訴訟手続によるものはもちろん、それ以外の手続により当事者間の争いについて裁断を与えるものをすべて含む概念として使われます。

　つまり、**①当事者間の具体的な権利義務ないし法律関係の存否に関係する紛争**であること、**②法律を適用することにより終局的に解決できるもの**、をいいます。したがって、権利が侵害されていない、具体的な事件になっていない抽象的な法律の解釈や、宗教上の教義に関する争い、個人の意見の当否などは、具体的争訟ではないので、司法審査の対象にはならないのです。

　その範囲は、明治憲法の下では民事事件と刑事事件に限られていましたが、日本国憲法では、それに**行政事件**も含まれます。

②司法権の限界

　司法権は、**法律上の争訟**に及びます。しかし、事柄の性質上、法律上の争訟であっても司法権が及ばないものがあります。これが、司法権の限界と呼ばれるものです。

　第1に、**国際法からくる限界**があります。外国の元首や外交使節に認められる**治外法権**＊、条約による裁判権の制限など、がこれにあたります。

> ＊　治外法権とは、国際法上、他国の領域の中にいても、その国の法律や裁判権の行使を受けない特権をいいます。外国の元首、外交官、国際司法裁判所判事、国連事務総長、外国の軍隊、軍艦、軍用航空機などに認められます。

　第2に、**憲法上の限界**があります。たとえば、①国会の各議院による議員の資格争訟の裁判（55条）や②国会による裁判官の弾劾裁判（64条）など、がこれにあたります。

　第3に、憲法や法律に規定があるわけではないが、**解釈上司法権が及ばないとされるもの**があります。

①国会や内閣の**自律権**に属する行為

　各議院がおこなう所属議員の懲罰や議事手続などは、議院が自主的に決定できるとされ、懲罰を受けた議員が裁判所に訴えて、その議決の取消しを求めることはできないとされ、また、裁判所は各議院でなされた議事手続（定足数の不足など）は、三権分立主義と議院の自律権を尊重するという意味から、審査できないとされます。

②立法府や行政府の**自由裁量**に属する行為

　政治部門の自由裁量に委ねられていると考えられる行為については、その裁量権を著しく逸脱したり濫用した場合でない限り、司法権は及ばないとされます。内閣総理大臣による国務大臣の任免行為などは、これにあたります。最近は、社会権とくに福祉の問題（各種の年金、福祉手当などの支給範囲や支給額）や選挙に関する立法（選挙区割と定数）などについて、立法府や行政府の裁量が問題となっています。

③**統治行為**＊＊

　統治行為とは、「**直接国家統治の基本に関する高度に政治性のある国家行為**」をいい、理論上は、具体的な争訟として裁判所による法律的な判断が可能であっても、司法審査は及ばないとされる行為をいいます。アメリカで「**政治問題**」（political question）といわれるものも同じです。学説には対立がありましたが、今日では、多くの

説はこれを認めています。その理由は、国の運命を変えるような高度の政治性を帯びた行為は、政治的に責任を負わない裁判所の審査権の外にあり、その判断は国会・内閣に委ねられているという点にあります。

> ＊＊　衆議院の解散の無効が争われた苫米地事件において、最高裁は「直接国家統治の基本に関する高度に政治性のある国家行為のごときはたとえそれが法律上の争訟となり、これに対する有効無効の判断が法律上可能である場合であっても、かかる国家行為は裁判所の審査権の外にあり、その判断は主権者たる国民に対して政治的責任を負うところの政府、国会等の政治部門の判断に委され、最終的には国民の政治判断に委ねられている」としました。最大判昭和35.6.8.

④部分社会論

　一般の市民社会の中にあって、それとは別個な自律的なルールをもつ部分社会があります。たとえば、**地方議会、大学、政党、労働組合**などがこれです。これらの部分社会における内部紛争は、一般の市民法秩序と直接関係しないかぎり、裁判所の司法審査が及ばないというのが「**部分社会の法理**」という考え方です。地方議会の議員に対する出席停止の懲罰については司法権は及ばないが、除名処分となると議員の身分の喪失にかかわるので審査の対象となる、とされます＊。大学における単位の認定をめぐる紛争は審査の対象にならないが、退学や卒業の認定となると一般市民法秩序と関係をもつから審査の対象となる、とされました＊＊。また、政党による除名処分については、政党の自律性を尊重し、その内部規定が「公序良俗」に反するなどの特別の事情がないかぎり、審査権が及ばないとされました＊＊＊。

> ＊　　地方議会議員懲罰事件・最大判昭和35.10.19.
> ＊＊　富山大学単位不認定事件・最判昭和52.3.15.
> ＊＊＊　共産党袴田事件・最判昭和63.12.20.

（2）司法権の独立

　裁判は、国民の権利と義務に重大な関係をもつことから、法に従って公正におこなわれなければなりません。そのためには、裁判がいかなる勢力の干渉をも受けることなく、裁判官によって独立におこなわれることが重要です（裁判官の**職権の独立**）。また、そのためには裁判官の身分が保障されていることが必要です（裁判官の**身分保障**）。狭い意味の「司法権の独立」とは前者を指し、広い意味では両者をあわせて考えます。

　司法権の独立が叫ばれる理由は、①司法権は非政治的権力であって、政治性の強い立

法権、行政権から侵害される危険性が高いこと、②司法権は裁判を通して国民の権利を保護することを職責とし、政治的な干渉・介入を排除して、とくに少数者の保護を図ることが必要であること、があげられます。

裁判官の職権の独立

憲法76条3項は、「すべて裁判官は、その良心に従ひ独立してその職権を行ひ、この憲法及び法律にのみ拘束される」と定めています。すべての裁判官は、その裁判をおこなうにあたって、完全に独立し、**いかなる人の指揮命令**も受けないという意味です。立法機関である国会や行政機関である内閣はもとより、他の裁判官の命令にも服しません。ただ、憲法と法律に従って、自分の良心によって判断し、公平な態度で裁判をしなければならないという意味です。

ここで「憲法及び法律」といっているのは、単に形式的な憲法、法律という意味だけではなく、広く、命令、規則、条例、その他、慣習法や判例法、条理なども含む意味に理解すべきです。

裁判官の身分保障

司法権の独立を確保するためには、裁判官の身分を保障し、安心して職権をおこなうことができるようにしなければなりません。そのためには、裁判官は、特定の例外を除いて、その意思に反して、免官、転官、職務の停止または報酬の減額をされないようにしておく必要があります。この意味から、憲法78条は、「裁判官は、裁判により、心身の故障のために職務を執ることができないと決定された場合を除いては、公の弾劾によらなければ罷免されない。裁判官の懲戒処分は、行政機関がこれを行ふことはできない」と定めています。

憲法の定める裁判官の身分保障には、つぎの3つがあります。

①罷免

裁判官が罷免されるのは、つぎの3つの場合に限られます。

（a）心身の故障のために裁判による執務不能の決定があった場合

（b）国会が設置する弾劾裁判所によって罷免の裁判を受けた場合

（c）最高裁判所の裁判官のみに特有な「国民審査」によって罷免が可とされた場合

②懲戒

　懲戒とは、罷免にまでは至らないような職務上の非行があったときの制裁措置です。行政機関は、どのような場合であっても、裁判官の懲戒はおこなえません（78条）。裁判官の懲戒は、裁判所によって、かつ裁判手続によっておこなわれます。裁判所法49条は、懲戒事由として「職務上の義務に違反し、若しくは職務を怠り、又は品位を辱める行状があったとき」と定めています。

③経済生活上の保障

　裁判官の報酬については、定期に相当額の報酬を受け、在任中は減額されることはないとされています（79条）。

（３）裁判所の組織と権能

①裁判所の組織

裁判所の種類

　司法権を行使する裁判所は、憲法の規定により、**最高裁判所**と下級裁判所に分けられます。下級裁判所には、**高等裁判所**、**地方裁判所**、**家庭裁判所**、**簡易裁判所**があります。通常、事件は、原則として、地方裁判所、高等裁判所、最高裁判所の順番に上訴される三審制*をとっています。

> ＊　三審制とは、第１審、控訴審、上告審の順に、当事者が希望すれば原則として３回まで審査を受けられる制度をいいます。

　家庭裁判所は、夫婦、親子が争う家庭事件と非行を犯した少年にかかわる少年事件のための第１審の裁判所であり、地方裁判所と同格に位置づけられます。簡易裁判所は、少額で軽微な民事・刑事の事件を迅速におこなうための第１審裁判所です。

特別裁判所の禁止

　司法権は、最高裁判所を頂点とする同じ系統に属する裁判所に帰属します。上に見た各裁判所は、この同じ系統に属すので、一般に**通常裁判所**と呼ばれます。憲法76条２項は、「特別裁判所は、これを設置することができない」と定めています。憲法が禁止する「特別裁判所」とは、特定の人または事件について裁判するために、通常裁判所の系統から独立して設置される裁判所をいいます。明治憲法における軍法会議、皇室裁判所、行政裁判所など、がこれにあたります。

　この意味から、家庭裁判所は、家庭事件と少年事件の審判という特定の種類の事件の

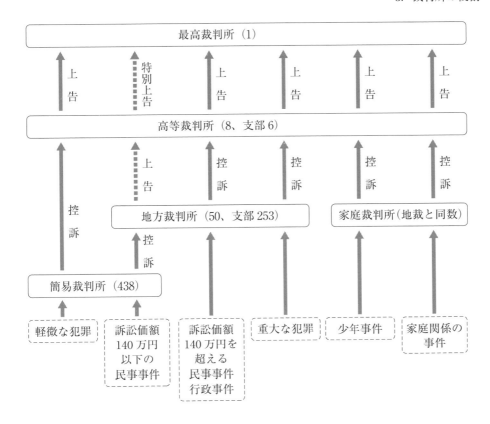

みを扱う裁判所ですが、通常裁判所の系統に属する裁判所ですから、特別裁判所にはあたりません。

②最高裁判所の構成と権限

　最高裁は、1名の最高裁判所長官と14名の裁判官で構成されます。長官は、内閣の指名に基づいて天皇が任命し、その他の裁判官は内閣が任命します（憲法6条、79条）。

　最高裁には、15名全員で構成される**大法廷**と5名で構成される**小法廷**とがあります。どちらの法廷で事件を扱うかは最高裁が決定しますが、新たな憲法判断や憲法違反の判断、これまでの憲法判例を変更するときは、大法廷で裁判することが定められています（裁判所法10条）。

　最高裁は、上告についての裁判を通して、下級裁判所で対立のあった法令の解釈を統一する役割を果たします。また、上に見た最高裁判所規則を制定する権限のほか、下級裁判所の裁判官指名権をもっています。つまり、「下級裁判所の裁判官は、最高裁判所の指名した者の名簿によって、内閣がこれを任命する」（憲法80条）ことになっています。これは、裁判官の任命が、内閣の意思によって政治的に利用されないことを保障し

【裁判官の任命】

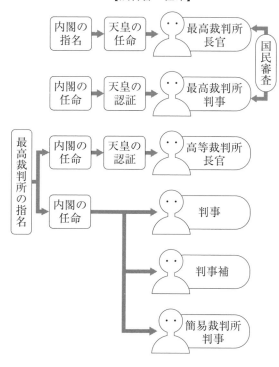

【大法廷と小法廷】

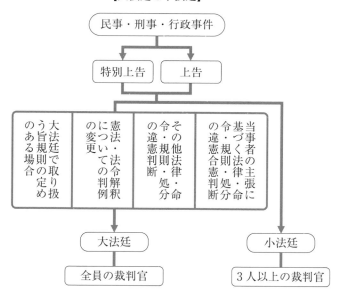

たものといえるでしょう。

（4）違憲審査制度

違憲審査制とは

憲法81条は、「最高裁判所は、一切の法律、命令、規則又は処分が憲法に適合するか しないかを決定する権限を有する終審裁判所である」と定めています。

違憲審査制とは、法律や命令、政府の行為が憲法に適合しているかどうかを、特定の 機関（裁判所）が審査・判断する制度を意味します。この違憲審査の権限は、憲法を保 障する制度として重要な役割を果たすものです（憲法98条1項）。当初、ヨーロッパの諸 国では、国民から選ばれていない裁判官が、国民の代表である国会が制定した法律を審 査して、憲法に違反すると判断した場合にその法律を無効とすることは、多数決を前提 にする民主主義に反するとされ、制度化されませんでした。しかし、第2次世界大戦の 中で、ドイツのナチス党独裁の恐怖を経験した諸国では、かけがえのない人権は国民の 多数意思である法律や命令からも保障されなければならない、と考えました。

2つの根拠

違憲審査制は、憲法が最高法規であることを確保するため、そして、基本的人権を保 障するために、不可欠な制度であるといえます。

まず第1に、憲法98条は、憲法は国の最高法規であり、それに反する法律、命令その 他の国家行為は違憲・無効であると定めていますが、それは、法律、命令その他の行為 が憲法に違反しているかいないかを審査し、決定する機関があって初めて成り立つ、と いうことです。

第2に、人権の尊重と保障は、憲法の最大の目的ですが、その人権が国会の多数党と 内閣によって侵害された場合、憲法の番人である裁判所によって、それを救済しなけれ ばならない、ということです。

違憲審査制の形態

違憲審査をおこなう場合、どのような機関が、どのような方法でおこなうかは各国で さまざまです。大きく分けて、特定の**政治機関**がおこなう形態（フランス）と**裁判所が** おこなう形態があり、裁判所がおこなう場合には**通常の司法裁判所**がおこなう型（アメ リカ）と**特別の憲法裁判所**がおこなう型（ドイツ、イタリア、オーストリア）とがありま す。

司法裁判所型は、通常の司法裁判所が具体的事件を裁判する際に、その前提として、 その事件の解決に必要なかぎりで、適用される法律、命令などの違憲審査をおこなうも

のです。これを**付随的審査制**と呼び、日本もこの形態を採用していると解釈されています。

　これに対して、憲法裁判所型は、具体的事件と離れて、抽象的に法律、命令などの違憲審査をおこなうもので、**抽象的審査制**と呼ばれます。

違憲審査の対象

　違憲審査の対象とされるのは、「**一切の法律、命令、規則又は処分**」です。地方議会が制定する条例は、ここには書かれていませんが、広い意味の「法律」に含まれると解釈されています。「命令」には、政令、省令はもちろん、人事院規則、地方公共団体の長や委員会が定める規則なども含まれます。「処分」とは行政庁がおこなう許可・不許可の処分などの意味ですが、裁判所の判決もこれに含まれると解釈されます。

違憲判決の効力

　ある法律、命令を最高裁判所が憲法違反であると判決した場合、その法律、命令の効力はどうなるのかが問題となります。学説は分かれますが、違憲判決の効力をどう見るかは、上に述べた違憲審査の形態と対応します。抽象的審査制をとる場合には、憲法違反とされた法律は議会での廃止手続を待たずに一般的に無効となる、と解釈されますが（**一般的効力説**）、付随的審査制をとる場合には、その具体的事件にかぎり憲法違反とされた法律が適用されないだけである、と解釈されます（**個別的効力説**）。

　日本の場合は、具体的な事件の解決に必要なかぎりで、適用される法律、命令などの違憲審査をおこなう付随的審査制をとっていますから、個別的効力説が通説です。その論拠としては、具体的事件での判断ですから、違憲判決の効力もその事件にのみ及ぶと考えるべきこと、一般的効力説に立つと、憲法違反とされた法律、命令を廃止するという効果を生み、それは国会のみが立法権を行使するという憲法41条の原則に反すること、があげられます。

第15章

天　皇

1. 天皇の地位

象徴としての天皇

　憲法1条は、「天皇は、日本国の象徴であり日本国民統合の象徴であつて、この地位は、主権の存する日本国民の総意に基く」と定めています。

　ここにいう「象徴」とは、目に見えない抽象的で観念的なものを、具体的な存在によって表現することを意味します。たとえば、平和、武、文、純潔、キリスト教などの抽象的なものを表現する具体的な事物（鳩、剣、ペン、白百合、十字架など）をいいます。この意味からすると、1条の意味は、過去から現在、そして未来に向かって続く日本という国の姿が天皇の存在に表現されているから、その天皇を通して、国民は日本という国および日本国民の統合を感じとることができる、ということです。

天皇の責任

　明治憲法では、「天皇ハ神聖ニシテ侵スヘカラス」（3条）と定められていました。この規定は、西欧の君主制を定めた憲法の中によく見られた規定で、一部の人達が主張したような天皇が神であることを定めたものではなく、天皇は公的にも私的にも責任を負わないという意味を表すものでした。日本国憲法には、このような規定はなく、ただ3条で天皇がおこなう国事行為については天皇に責任はなく、すべて内閣が責任を負うことが定められているだけです。

　天皇の刑事責任と民事責任については、どのように考えるべきかということが問題となります。まず、**刑事責任**については、皇室典範*21条が天皇の代行機関である「摂政**」は訴追（起訴）されないと定めています。天皇の代行者が起訴されないのだから、もちろん天皇自身は起訴されないと解釈されます。**民事責任**については議論がありましたが、天皇が法廷で被告になったり、証人となる義務が生じたりすることは、天皇の象徴としての地位と相容れないと思われます。この点については、最高裁の判例も天

皇には民事裁判権が及ばないとしています***。

> ＊　皇室典範とは、皇位の継承や皇室に関する事項を定めた法律をいいます。
> ＊＊　摂政とは、天皇が自分で国事行為をおこなえない状態にあるときにおかれる法定
> 　代行機関をいいます。
> ＊＊＊　千葉県が、昭和天皇の病気回復を願って公金を使って記帳所を設置したことが、
> 　不当利得にあたるとして訴えが起こされました。この事件について、最高裁は「天皇
> 　は日本国の象徴であり日本国民統合の象徴であることにかんがみ、天皇には民事裁判
> 　権が及ばないと解するのが相当である」と判示しました（最判平成1.11.20.）。

天皇は君主か

　世界には、イギリス、オランダ、ベルギー、スウェーデン、デンマークなど、数多くの立憲君主制の国があります。伝統的な理論では、君主は、①その地位が世襲の独任機関であり、②統治権（特に行政権）を掌握し、③対外的代表権をもち、④国の象徴的存在であること、とされます。これを厳密に考えれば、天皇は②の行政権を掌握しておらず、③の対外的代表権もはっきりしていないので、君主でないことになります。

　しかし、現代では、議会制民主主義の下での君主制が主流になったため、君主の権限が権力的なものから名目的・儀礼的なものになったことを考えると、後に述べる天皇の国事行為には名目的ながら②と③が含まれるので、君主とみることができると考えられます。

２．皇位の継承

皇位継承の原則

　憲法２条は、「皇位は、世襲のものであつて、国会の議決した皇室典範の定めるところにより、これを継承する」と定めています。皇位とは、天皇の地位を指し、世襲とは、その地位につく人が一定の血統に属していることをいいます。憲法は、世襲の原則のみを定め、どういう場合にどのように皇位が継承されるかは、すべて法律である皇室典範に委ねています。

　皇室典範によれば、「皇位は、皇統に属する**男系の男子**が、これを継承する」（１条）とあり、皇位の継承の資格がある者は男系の男子に限られています。したがって、女子が皇位につくことは、皇室典範を改正しないかぎり認められません。

　また、皇位継承の原因は「天皇が崩じたときは、皇嗣が、直ちに即位する」（４条）とあるように、崩御（死去）に限られ、**生前の退位**は認められていません。また、皇位

継承の順位は、すべて皇室典範によって定められています（2条*）。

> ＊　皇位継承の順位は、1．皇長子、2．皇長孫、3．その他の皇長子の子孫、4．皇
> 次子およびその子孫、5．その他の皇子孫、6．皇兄弟およびその子孫、と定められ
> ています。

今回の天皇の退位と特例法

上に述べたように、皇室典範では天皇の生前退位は認められていません。ところが、平成28年7月、天皇は高齢のため国事行為や象徴としての公的行為を自ら続けることが困難になったとの理由から、退位を希望されました。そのため、政府は国民の意思などに配慮しながら慎重に検討した結果、皇室典範4条の特例として、天皇の退位と皇太子の即位を認める「天皇の退位等に関する**皇室典範特例法**」（平成29年）を国会に提出し、衆参両議院において全会一致で可決されました。

皇位の継承と元号

元号は、現在では、わが国だけに存在する特別な制度になりました。もともと、中国の影響を受けた元号の制度は、西暦645年の「大化」に始まり、今日まで続いているものです。しかし、皇位の継承に伴って元号が変わる**「一世一元」の制度**は、明治元年になってからです。この制度は、旧皇室典範12条に定められていましたが、戦後、日本国憲法の成立に伴い旧皇室典範が廃止され、また新しい皇室典範には元号についての規定がなかったため、元号制度は法的な根拠を失った形になっていました。

そのため、「昭和」という元号は「事実たる慣習」によるものとされ、国民の一部には元号を廃止すべきだという声もありました。このような状況を法律的に解決したのが、昭和54年の**元号法****でした。昭和64年、昭和天皇の崩御に伴う皇位継承に際して、元号法が適用され、それに基づく政令によって「平成」と改元されました。今回は、平成31年4月30日の天皇の退位に伴う皇位継承に際して、この法律に基づく政令により「令和」と改元されることになりました。

> **　元号法は、第1項「元号は、政令で定める」。第2項「元号は、皇位の継承があっ
> た場合に限り改める」と定めています。

3．天皇の権能

「国事に関する行為」と「国政に関する権能」

　憲法は、「天皇は、この憲法の定める国事に関する行為のみを行ひ、国政に関する権能を有しない」（4条1項）と定めています。憲法が定める国事に関する行為（国事行為）とは、憲法7条に定められている1号から10号までの行為と、6条1項（内閣総理大臣の任命）と2項（最高裁判所長官の任命）、4条2項（国事行為の委任）が含まれます。「これらの国事行為には、内閣の助言と承認を必要とし、内閣が、その責任を負う」（3条）となっていますから、天皇は責任を負わない制度になっています。

　国政に関する権能とは、国家の意思を決定し、またはその決定に影響を及ぼす法的な力を意味します。このような権能は、国民主権の見地から国会に対して責任を負う内閣に属します。ここにいう内閣の責任とは、天皇に代わって責任を負うという意味ではなく、助言と承認に対する自己責任と理解すべきです。

国事行為の内容

　憲法6条と7条に定める国事行為は、次のとおりです。

①内閣総理大臣の任命（6条1項）

　天皇は、国会の指名に基づいて内閣総理大臣を任命します。形式的ではありますが、天皇による任命がなされて、はじめて内閣総理大臣としての権能が認められます。

②最高裁判所長官の任命（6条2項）

　天皇は、内閣の指名に基づいて最高裁判所の長たる裁判官を任命します。

③憲法改正、法律、政令および条約の公布（7条1号）

　公布とは、国会などで成立した法令を国民に知らせる行為を意味し、政府が刊行する「官報」に掲載する方法でおこなわれます。公布によって、はじめて法令としての効力が生じることになります。

④国会の召集（7条2号）

　召集とは、会期ごとに期日と場所を決めて議員を集めることをいいます。

　憲法は、会期として、**常会**（毎年1回定期に召集される会、52条）、**臨時会**（臨時の必要

に応じて召集される会、53条)、**特別会**（衆議院が解散され、総選挙がおこなわれた後に召集される会、54条1項）の3つを定めています。臨時会召集の決定権が内閣にあることは憲法が定めています。他の2つの会の召集決定権については憲法は明記していませんが、内閣にあるとされています。

⑤衆議院の解散（7条3号）

　解散とは、任期の満了前に議員の地位を失わせることをいいます。解散は天皇がおこないますが、その決定権は内閣にあります。参議院には解散はありませんが、衆議院の解散と同時に閉会となります。

⑥総選挙の施行の公示

　ここにいう「総選挙」とは全国で同時におこなわれる選挙をいい、衆議院の総選挙だけでなく参議院の通常選挙も含まれます。総選挙の施行の公示とは、総選挙をおこなうこととその期日を決めて国民一般に知らせることをいいます。その決定権は内閣に属します。

⑦国務大臣その他の官吏の任免ならびに全権委任状および大使・公使の信任状の認証

　認証とは、ある行為や文書の記載が正当な手続でなされたことを公に確認し、証明することをいいます。認証の方法は、公文書に天皇が親書することによっておこなわれます。天皇によって認証される官吏（認証官）には、国務大臣のほか、最高裁判事、高裁長官、検事総長、検事長、宮内庁長官、侍従長、公正取引委員会委員長など、が含まれます。

⑧恩赦の認証

　内閣が決定した恩赦（憲法73条7号）を認証することがこれです。

⑨栄典の授与

　栄典とは、国家、社会に功労のあった人の栄誉を表彰するために与えられる勲章をいいます。憲法14条3項は、これらの栄典は特権を伴わず、その人一代限りのものと定めています。

⑩批准書などの外交文書の認証

　批准書とは、条約の締結権者が締結した外交文書に最終的な同意を与えて、これを確定する国家の意思を示す文書のことをいいます。

⑪外国の大使・公使の接受

　接受とは、外国の大使・公使からの信任状を受けとり、接見する外交儀礼行為をいいます。外国からの信任状は、すべて天皇宛に作成されています。

⑫儀式の挙行

　ここにいう儀式とは、天皇が主宰して執行される国家的性格の儀式のことをいいます。たとえば、即位の礼や大喪の礼などがこれにあたります。

公的行為

　天皇の行為としては、上に見た国事行為のほかに純粋な私的行為があります。たとえば、大相撲や野球の観戦、旅行や散歩、読書や学問の研究など、がこれにあたります。ところが、象徴としての天皇には、この二つの行為に含まれない公的な行為があります。

　国会の開会式でのおことば、戦没者慰霊祭への出席とおことば、被災地へのお見舞い、外国への親善旅行、園遊会や全国植樹祭への出席などは、純粋な私的行為ともいえず国事行為にもあたりません。

　学説の中には、このような公的な行為は一切認められないという見解もありますが、多くの学説は、論拠は異なるものの（象徴行為説、公人行為説）、いずれも公的行為の存在を認めています。これらの公的行為も内閣の補佐の下でおこなわれるものですから、天皇は責任を負わないとされます。

保育判例①
園児の踏切死亡事故と保育士の注意義務

事件のあらまし

　Y保育所の保母（以下、すべて保育士とする）であるAは、昭和39年7月21日、6歳の女の子であるXを含む年長組の園児22名とともに、保育所の北東500メートルにある事務所に予防注射を受けに行った。Aは、上記園児22名を引率して事務所から保育所に帰る途中、阪急電車の踏切にさしかかったが、その際、園児らは2列になり、Aが先頭になって歩き、その列の長さは10数メートルになっていた。しかし、Aは先頭を制止して停止させ、全体をまとめるなどの特別の行為をせず、そのまま園児の先頭グループとともに踏切を渡りだした。踏切を渡りだして間もなく警報が鳴り始めたため、Aはすでに踏切の中に入っていた園児らとともにそのまま踏切を横断した。このとき、踏切の中に入っていた4、5名の園児は引き返した。本件踏切では、遮断機が下りたあと、上り特急電車が通過したが、まだ警報は鳴ったままであり、引き続き対向列車が通過することを示していたため、Aは向かい側の渡り終えていない園児らに対し、「まだよ、まだよ」と大声で言ったが、その声が向こう側に届いたかどうかは分からなかった。その直後に、踏切の遮断機が届かない隙間の付近にいたXが突然飛び出して踏切を渡りはじめ、Aが制止の合図をしたが及ばず、Xは下り急行電車に腹部をひかれて即死した。

　これについて、即死した園児Xの両親は、保育士Aの使用者であるY保育所に対して、Aの不法行為に基づく使用者責任を原因として、損害賠償を請求した。これに対して、保育所側は園児にも過失があると主張して争った。

争点

①保育士Aに注意義務の違反があったか
②園児の過失についてどのように考えるか

裁判所の判決（京都地裁昭和46年12月8日判決）

1．保育士Aの注意義務違反について

　本件のような、「無人踏切を渡る場合、園児らが渡り終えた者と、渡り終えていない者とに2分された状態で電車が通過することになると、園児らの一方は保育士のつきそいなしに踏切を横断するのと同様の状態におかれ、まだ渡り終えていない園児らが早く渡りたい心理にかられることは見やすい道理であって極めて危険であるから、保育士としては、園児が2分されることのないよう万全の措置をとるべき義務があるものといわなければならない。」

　本件では、Aが園児の先頭に立って踏切を「渡り始めてまもなく、おそくとも踏切の中央に達するまでには、警報が鳴り出してい」たのであるから、Aが

「ただちにひきかえせば、ブザーの鳴り出す前に園児全員を踏切の外に出すことができたことが窺われ、しかも…（A）は以前にも本件踏切を園児を引率して渡ったことがあり、その状況をよく知っていたことが認められるのである。従って、（A）には、警報が鳴り出した時に、ただちに引き返して園児らが2分されることを防止すべき義務があり、しかもそうすることが十分可能であったにもかかわらず、同人はこれを怠り、そのまま踏切を渡り、そのため園児らは2分されてしまい、ために保育士のつきそいを失ったXが遮断棒の欠けた部分から飛び出し、本件事故にいたったものということができる。

　保育士が踏切手前に居て、つきそっておれば、Xが本件踏切に飛び出すことを防げたことは明らかであるから、Xの死亡は、保育士Aの過失により生じたものということができる」。

2．園児の過失について

　「保育園の保育士は、とくに園外保育の場合、幼児である園児らに自らを守る能力が欠け、あるいは不十分であるため、それを補い園児らを外部からの危険あるいは園児自らの不注意に基づく危険から守るのを職務としている。即ち、保育士は、園児らが負っている自らを守るべき義務を園児らに代わって引き受けていると見るべきである。

　従って、保育士である監督義務者は本件踏切のような上り電車と下り電車が同時に交叉するような場合、園児らが判断を誤る虞が多分にあるのであるから、全園児を踏切手前に待機させて保育士が先頭にいて制止して、その判断力の不足を補い、本件のような事故の発生を防止すべきであって、本件のように保育士が先に渡ってしまい、反って事故を誘発するような行動に出た場合は、園児の過失を損害賠償額算定にあたって斟酌（考慮）することは相当でないというべきである」。

考えてみよう

①保育者が多数の園児を引率して危険な場所を通るときには、どのような配慮が必要になると思いますか。
②保育者として最も重要な職務は何かについて考えてみましょう。

保育判例②
園児の右眼裂傷事故と幼稚園（担任教員）の責任

事件のあらまし

　愛媛県の私立幼稚園のコスモス組（4歳児38名）にいた女の子Xは、始業開始前の時間に担任教員とほかの約15名の園児達と教室に入り、着替えや積み木遊びなどをしていたが、特に騒いだり暴れたりしている園児はいなかった。担任教員が教室内の床の掃除をして、雑巾を洗いに教室の外に出たところ、園児の一人からXと園児Sが教室の中でぶつかったことを聞かされた。そこで、担任教員が教室内を振り返ると、Xが右眼を、Sが口を、それぞれ押さえて向かい合う形で立っており、すぐに駆け寄ったところ、Xは瞼を切って出血した右眼を押さえて泣いており、Sは口を押さえて「ううっ」と声を出して痛そうに唸っていた。教員が2人に「どうしたの」と尋ねたところ、2人は答えず、周辺にいた園児が「ぶつかったんよ」と答えた。なお、この時、Sが手にハサミを持っていたことはなく、周辺の床にもハサミを入れる道具箱が出されていたことはなかった。

　Xは、県立病院の眼科において、強膜裂傷、角膜裂傷と診断されて強膜と角膜の縫合手術を受け、その後、右視力障害（裸眼で0.05、矯正不能）の後遺症が残った。

　Xとその両親（原告）は、①Xの右眼裂傷について、傷の状態と被害者本人の供述から、園児Sが手にハサミを持って遊んでいてXの右眼を突いたため生じたと主張し、園児がハサミを持ちだしたことを見落としたことについて、幼稚園側に安全配慮義務違反があったとして、幼稚園を被告として損害賠償を請求した。②また、原告は、予備的主張として、かりに本件事故がハサミによるものでなかったとしても、4歳児をあずかる被告（幼稚園）としては、担当教員において、教室内の園児の動静に十分注意する安全配慮義務を怠った過失があるとして、民法§415の債務不履行責任に基づき、2,300万円余の損害賠償を求めた。

　これに対して、幼稚園側は、被害者Xと園児Sがたまたま衝突したため、Sの歯もしくは指がXの右目にあたって右眼裂傷が生じたと主張し、担任教員に注意義務違反はない、と主張した。

争　点

①本件事故発生の原因は何か
②教員に安全配慮義務違反があったか

裁判所の判決（松山地裁平成9年4月23日判決）

1．本件事故発生の原因について（原告主張①について）

　「本件事故は、コスモス組の教室内において、園児Sと原告とがぶつかってSの歯が原告の右眼に当たって事故が発生した蓋然性が高いというべきであって、

Sが手に持っていた幼児用のハサミにより本件事故が発生したとの原告の両親の供述や、その可能性を指摘するN医師の証言は直ちに採用することができないといわざるを得ず、他に原告側の主張するハサミによる本件事故の発生の事実を認めるに足りる証拠はない」。

2．教員の安全配慮義務違反について（原告主張②について）

　「心身共に未熟な幼稚園児の教育、監護に当たる被告としては、担当教員において、可能な限り園内における園児の行動を見守り、危険な行動に及ぶ園児に適宜注意を与えるなど、園内での事故発生を未然に防止すべき安全配慮義務を負っているというべきである。」

　「本件事故は、被告幼稚園の4歳児の教室内において、園児であるSと原告がぶつかって、Sの歯が原告の右眼に当たって発生した蓋然性が高いが、朝の登園後の始業時間までの自由時間帯に発生しており、園児らは教室内で着替えや積み木遊びをしていて、特に騒いだり暴れたりしている様子は見られなかったものであり、担任教員は、床の掃除をして教室外に出たところで本件事故を察知し、直ちに駆けつけて応急処置を講じたものであって、以上からすれば、本件事故は、園児同士が教室内で偶発的、かつ瞬時に衝突したことによって発生したものと認めるのが相当である。そうすると、担任教員において、前記教室内の園児の状況等からして本件事故の発生を予見し、これを未然に防止することは無理であったといわざるを得ず、被告に安全配慮義務違反があったとは認めがたいという外ない」。よって、原告の損害賠償請求は棄却する。

■　考えてみよう

①本件判決では、今回の事故はハサミによる傷害ではないとされましたが、もし、かりに本件事故がSの持っていたハサミによって発生したとされた場合には、幼稚園と担任教員の責任はどのようになるか、考えてみましょう。

②本件判決では、原告の損害賠償の請求が認められませんでしたが、この判断の「決め手」となった点はどこにあると思いますか。考えてみましょう。

園児の窒息死事故と幼稚園（担任教員）の責任

事件のあらまし

埼玉県にあるＳ幼稚園の３歳児クラスに在籍していたＸ（女の子、３歳）が、昼食後の自由遊びの時間に、アーチ型遊具の「うんてい」の高さ1.3m付近から、端と端とを結んで輪の形で垂れ下がっていた布製の縄跳び用の縄に首を引っかけて窒息死した。当日は、午前11時40分から昼食を食べたあと、園庭で自由遊びが行われ、70～80名の園児が園庭の好きなところで縄跳び用の縄を使って遊んでいた。自由遊びの時間には7、8名の教職員が園庭に出て、園児らに対する注意を払っていた。被告幼稚園の教職員は、自由遊びの時間や園児が園庭で遊ぶような時には、園児が一人であっても、園長らを除く教職員が園庭に出て、事故が起きないように注意することを申し合わせており、特に、「うんてい」については、その頂上部から園児が落ちないように支えるなどの注意を払うようにしていた。その後、教員が午後1時20分ころ、Ｘが「うんてい」の高さ1.3m付近で、縄に首をかけてぶら下がっているところを発見し、1時22分ころ119番に通報するとともに、母親に連絡した。Ｘは幼稚園の職員室に運ばれ、応急処置による蘇生をおこなったあと、救急車で医療センターに搬送され、蘇生術がおこなわれたが、2時11分死亡が確認された。なお、縄は、綿を素材とした縄跳び用の縄で、縄跳びをする際の教材として使用していたものであり、普段は本数を確認して園児の手の届かないところに保管しているが、事故当日の行事に使うため、前日から園児らに使わせており、事故当日の自由遊びの時間の際も、園児らは本件縄を使って遊んでいた。

原告（Ｘの両親）は、①幼稚園の園長、クラス担任、クラス副担任には、園児が園内で安全に生活できるよう施設、人員配置、時間割などをおこなうべき安全配慮義務がある。しかし、本件「うんてい」には縄がかかっており、幼児がこれに首をかける危険性があったのであるから、被告らは直ちにこれを取り外すとか、これで遊ぶ園児らを近くで監視するなどして、縄が園児の首にかかり、窒息死することのないよう注意すべき義務があった。それにもかかわらず、被告学園はこれを怠ったから、安全配慮義務違反があるとして、不法行為責任（民法§709、§714、§715）に基づき、逸失利益・慰謝料など1,600万円の損害賠償を求めた。

争　点
①幼稚園の管理者に責任はあるか
②保育者に安全配慮義務違反があるか

裁判所の判決（浦和地裁平成12年7月25日判決）

1．幼稚園管理当局（被告学園）の責任

幼稚園の管理者には「Ｓ幼稚園を経営するものとして、Ｓ幼稚園の教職員らに対する園児らの安全確保及び事故防止に関する教育、管理」をする安全配慮義務がある。園の管理者は、そのためにおこなったこととして、「自由遊びの時間や園児が園庭で遊ぶような時には、園長らを除く教職員が園庭に出て、事故が起きないように注意すること…特に、本件うんていについては、その頂上部から園児が落下しないように支えるなどの注意を払う」ことの申し合わせ、縄跳び用の縄は「普段は、園児が届かない場所に数を確認して保管」することの申し合わせをしたと主張している。しかし、園管理当局のこの安全配慮義務は結局守られておらず、園管理当局は、保育者らと連帯して損害を賠償する責任がある。

2．保育者の責任

保育者（園長やクラス担任・副担任）の安全配慮義務について、保育者には、「縄跳びの縄の管理（「園児が届かない場所に数を確認して保管」する）、本件うんていの落下防止などに関する運用（「頂上部から園児が落ちないように支えるなどの注意を払う」）を履践し、Ｘの自由遊び時間における行動、本件うんていにおける園児らの遊戯の状況や縄跳びの縄の使用などについて十分な監視」をする安全配慮義務がある。また、Ｘが、３歳児で入園間もないことから、とくに「親元を離れて慣れない幼稚園生活をはじめた状況であったのであるから、自由遊びの時間であっても、その安全確保、事故防止には一層の配慮が求められる」。保育者らは、「事故が発生するまでの間、Ｘ及び他の園児らの行動及び本件うんていにおける園児らの遊びの状況等について知らなかったというのである」から、上記の安全配慮義務を怠ったといわざるを得ず、損害を賠償する責任がある。

■ 考えてみよう
①保育者としては、事故防止のためにどのような配慮が必要であったと思いますか。
②園の管理者としては、どのような配慮が必要であったと思いますか。

保育判例④
自由保育時間における園児の熱中症死亡事故

事件のあらまし

　平成16年4月、X（男の子、当時3歳）は、埼玉県上尾市が設置する市立保育所に入所した。翌年8月10日、Xが所属していた4歳児クラスは、午前9時30分過ぎに散歩に出たが、目的地到着後、雨が降り出したため午前10時20分頃保育所に帰ってきた。帰ってきた際、担任の保育士2名は園の庭の出入り口のところで園児の人数確認をしたが、園内において園児の人数を改めて確認することはしなかった。担任保育士2名は、散歩に代わる副案を考えていなかったため、給食までの時間を「自由遊びの時間」にすることとした。園児らは午前10時30分頃ベランダから保育室に入り、保育室、廊下、ホールなどでばらばらに遊びはじめた。担任保育士2名は、自由遊びの時間中、漫然と園児を遊ばせており、給食の準備が整うまでの間、園児の人数を確認することをしなかった。そのため、担任保育士2名は、散歩から帰ってきてから後、Xの姿を一度も見ておらず、Xが不在であることに気づいたのは給食配膳時の11時35分頃になってからであった。Xがいないことに気がついたあと、担任保育士2名は保育所の中のほか、Xの自宅や近所にある祖父母の自宅、保育所近くの川やスーパー、コンビニなど近隣を探し回るなどしたが、Xを見つけることはできなかった。以上の捜索に際して担任保育士2名は、Xの靴が靴箱に置かれてあることは確認したが、捜索に先立ってXが園内で一緒に遊んでいたと思われる園児に対してXの所在を尋ねることをしなかった。このような状況の中で、研修先から保育所に帰る途中でこの事態を知った保育所長が、所内に設置してあった本棚から、本棚の下にある収納庫の中で全身汗びっしょりの状態で意識のないXを発見した。午後0時25分頃であった。Xは大学病院に救急搬送されたが、午後1時50分に死亡が確認された。

　これについて、熱中症で死亡したXの両親および祖母が、担任保育士2名の重過失を主張して、市立保育園を設置・運営する上尾市に対して、国家賠償法1条1項に基づいて損害賠償（約8,500万円）を請求した。

争　点
①担任の保育士2名に児童動静把握義務違反の重過失があるか
②担任の保育士2名に児童捜索活動上の注意義務の重過失があるか

裁判所の判決（さいたま地裁平成21年12月16日判決）

1．担任保育士2名の過失の有無について（児童に対する動静把握義務違反について）

　「保育士は、子ども達の命を預かっている以上、保育を行う前提として、その安全を確保することが当然に求められている。そうすると、子ども達の安全を確保し、かつ、上記のような保育を実現するため、保育士は、子どもが、どこで、誰と、どんなことをしているのかを常に把握することが必要不可欠であって、少なくとも自分が担当する子ども達の動静を常に把握する義務を負っているものといわなければならない。特に、本件における上尾保育所のように、いわゆる自由保育の時間を取り入れ、児童らが保育所内を自由に動き回って遊んでいるような状態の場合、子ども達の動静を把握することは困難であるから、複数担任制であれば、担任保育士同士で声を掛け合ったり、保育内容が変わらない場合であっても少なくとも30分に1回は人数確認を行うなどして、子ども1人1人の動静に気を配ることが求められているというべきであり、さらには、担任以外の保育士らにおいても、全ての児童の名前や顔を把握した上で、保育所全体で児童の動静把握と安全確認に努めることが求められているというべきである」。本件において、担任保育士2名が「1時間以上もの間、Xの動静を把握することを怠ったことは明らかであるところ、…両保育士による1時間以上にわたる動静把握義務の懈怠は、一般的に保育士に求められるべき注意義務の基準に照らして、子どもの生死に関わる悪質な態様のものといわざるを得ないのであって、重大な過失というべきである。」

2．保育者の責任（捜索活動上の注意義務違反について）

　担任保育士2名は、「Xの所在不明が明らかになった時点で、一緒に遊んでいた子ども達に事情を聞き、Xの最終所在を追跡するとともに、園内にXの靴が存在していたのであるから、園内をくまなく捜索すべき注意義務を負っていた」。本件において担任保育士2名に「上記注意義務違反があることは明らかであるが、両保育士が児童の所在不明により多少冷静さを失うこともやむを得ないことであり、当日、所長の代行を務めていた主任保育士や他の保育士らの冷静な判断による指導や助言等のサポートがなかったこと、そして、日ごろから所長…が児童所在不明時の行動指針について指導していなかったことが両保育士の上記注意義務違反を招いた面も否定できないことに照らすと、この点については、」担任保育士2名を「強く非難するのは相当でなく、これを重過失とまで評価することはできないというべきである。」

■ 考えてみよう
①保育者としては、事故防止のためにどのような配慮が必要であったと思いますか。
②園の管理者としては、どのような配慮が必要であったと思いますか。

保育判例⑤
体調不良の園児に対する保育士の安全配慮義務

事件のあらまし

　岡山県の市立保育所に入所していた園児X（女の子、5歳）は、平成8年5月16日、午睡中の午後1時20分頃、体調不良となり、嘔吐を繰り返すなどした。Xは、呼びかけに対する反応が鈍く、眠たそうにしているなど、いつもと様子が違うため、Xの担任保育士であるAは、午後1時40分頃、母親に迎えに来るように電話連絡をした。Xは、午後1時45分頃、1度目の痙攣発作が確認され、さらに10分もたたない午後1時55分頃に2度目の痙攣発作があり、その後も昏睡状態が続いた。なお、Aは午後2時頃に、母親に対してXに熱はないが反応がいつもと違うので、すぐに迎えに来るように電話連絡した。午後2時22分頃、Xの母親が本件保育所に到着し、保育士らから経過説明を受け、Xのかかりつけのクリニックに電話連絡したが、同クリニックでは当日は診察できない旨の回答があった。その後、午後2時46分にAが119番通報し、午後2時52分に救急車が到着、Xは午後2時57分に救急搬出された。Xは、救急車を待機中にはすでにチアノーゼ状態にあり、救急搬出時には呼吸停止の状態に至っていた。Xは、午後3時9分に病院に搬送され、ICU室で管理されたあと、入院治療を受けた。最終診断名は、「痙攣重積症、呼吸停止、気管支喘息、肺炎、脳炎疑、脳出血疑、肺血症疑」であり、Xは同年6月5日に退院した。Xはその後、児童相談所において知能検査を受けており、平成14年5月2日にはIQ73（精神年齢3歳の遅れ）と診断され、知的障害Bの判定を受け、療育手帳の交付を受けた。そして、同16年7月28日に、知的障害Bの再判定を受けた。

　これについて、Xの両親は、本件保育所の保育士がXに対する安全配慮義務を怠ったため、Xに知能障害を生じさせ、あるいは知能障害を悪化させる後遺障害を生じさせたと主張し、また、保育士の安全配慮義務違反により、最善の医学的処置を受ける機会を喪失させられて精神的苦痛を受けたと主張して、市に対して、債務不履行を理由として損害賠償（約5,800万円）を請求した。

争　点
①市と担任の保育士に安全配慮義務違反があったか
②保育士の安全配慮義務違反とXに生じた損害との関係は認められるか

裁判所の判決（岡山地裁平成18年4月13日判決）

1．市の安全配慮義務について

　市は、原告（X）に対し、「本件保育園において、預かった幼児である原告の生命及び健康等を危険から保護するよう配慮すべき義務（安全配慮義務）を負い、これを尽くすことが必要不可欠となる」。「そして、本件保育園は、幼児を預かって保育する専門施設であり、保育には、専門的な知識技術を習得して国家資格を持った保育士が当たるのであるから、預かった幼児の生命身体の安全には、医療専門家のレベルまでは要求されないものの、一般の親権者以上の専門的な配慮をすべき義務がある」。「平成8年当時の厚生省の保育所保育指針には、『保育中は、子供の状態を観察し、何らかの異常が発見された場合には、保護者に連絡するとともに、嘱託医やかかりつけの医師と相談するなど、適切な処置を講ずる』とされているが、本件保育園の保育士らにおいて、Xら保育園児の健康状態を観察し、何らかの異常が発見された場合には、嘱託医等医療専門家に相談してその指示を求め、迅速に、医療機関の医療措置を求めるなどの適切な処置を講ずべきことは、上記保育指針を待つまでもなく、安全配慮義務の主要な内容となる。」

2．保育士の安全配慮義務違反の有無について

　「保育士らにおいて、Xが嘔吐を反復し、少なくとも軽度の痙攣発作を2度に亘って起こし、呼びかけに対する反応も平素とは違う異常な状態にあることは確認できたのであるから、保護者である母に連絡するにとどまるのではなく、嘱託医等の然るべき医療機関に連絡してその指示を仰ぐべき保育士としての義務を怠ったことは否定できず、その結果、早期に、Xを救急治療する機会を喪失したものというべきである。そうすると、上記の点で、市（保育士）には安全配慮義務違反があるといわざるを得ない。」

3．市と保育士の安全配慮義務違反と女児に生じた損害について

　Xの知能障害の発生や悪化が、呼吸停止、痙攣重積症の治療が遅れたことによって生じたものということはできないが、「原告には、被告において前示安全配慮義務をつくし、早期に救急医療を受ける機会を得ておれば、現在のような状況には至っていなかったかも知れないと両親ともども残念な想いが残ることは否めず、保育士の安全配慮義務違反によって、最善の医療的処置を受ける機会を喪失する結果となり、これによって精神的苦痛を被っているものと認定できる。」

■考えてみよう
①保育者としては、事故防止のためにどのような配慮が必要であったと思いますか。
②園の管理者としては、どのような配慮が必要であったと思いますか。

事 項 索 引

著者紹介

高乗正臣（たかのり　まさおみ）

昭和19年　東京に生まれる
昭和42年　中央大学法学部卒業
　　　　　嘉悦女子短期大学教授、平成国際大学法学部教授を経て、
現　　在　平成国際大学名誉教授
　　　　　埼玉純真短期大学講師

主要著書

『法の原理と日本国憲法』（共著）（地球社、1984年）
『現代社会と法』（創英社、1990年）
『論考憲法学Ⅱ』（共著）（嵯峨野書院、1996年）
『現代憲法学の論点』（共著）（成文堂、1996年）
『現代法学と憲法』（共編著）（成文堂、1999年）
『人権保障の基本原則』（成文堂、2007年）
『プラクティス法学実践教室Ⅰ〔第5版〕』（共編著）（成文堂、2015年）
『プラクティス法学実践教室Ⅱ〔第4版〕』（共編著）（成文堂、2017年）

保育者のための法学・憲法入門［第2版］

2020年 1 月15日　初　版第 1 刷発行
2023年11月20日　第 2 版第 1 刷発行

著　者　　高　乗　正　臣
発行者　　阿　部　成　一

〒162-0041　東京都新宿区早稲田鶴巻町514
発行所　　株式会社　成文堂
電話03（3203）9201代　FAX03（3203）9206
http://www.seibundoh.co.jp

製版・印刷・製本　藤原印刷　　　　　　　　　　　検印省略

©2023　M. Takanori　　　Printed in Japan
☆乱丁・落丁本はおとりかえいたします☆
ISBN978-4-7923-0723-3 C3032

定価（本体1800円＋税）